ZOUJIN AOMI SHIJIE

走进奥秘世界

LING HAIZI ZHAOMI DE SHIJIEMINGZHU AOMI CHUANQI

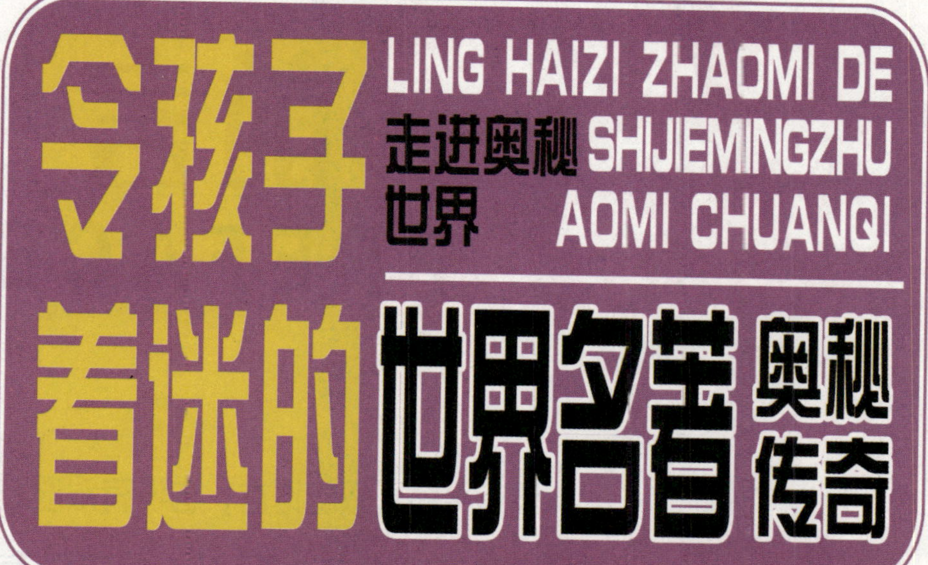

令孩子着迷的世界名著奥秘传奇

主编 雨田

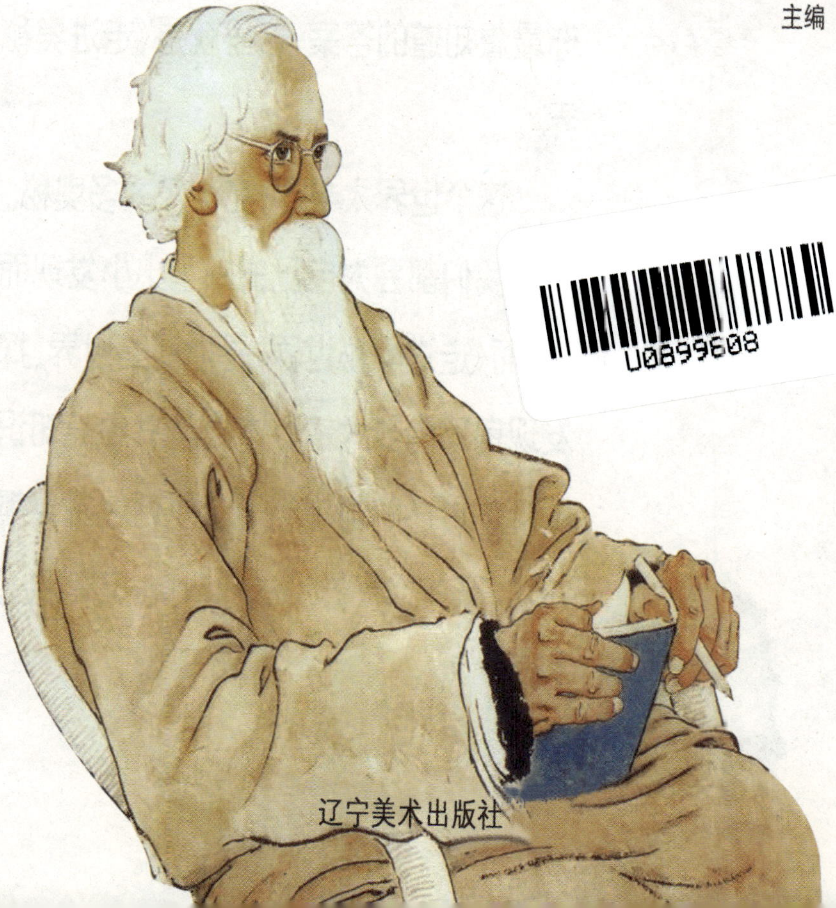

辽宁美术出版社

前言

PREFACE

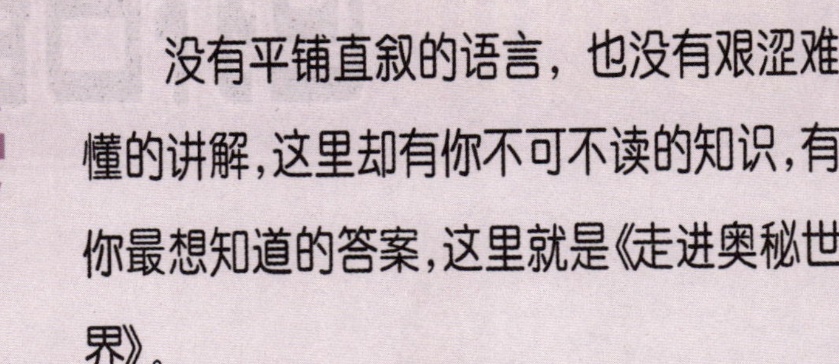

没有平铺直叙的语言，也没有艰涩难懂的讲解，这里却有你不可不读的知识，有你最想知道的答案，这里就是《走进奥秘世界》。

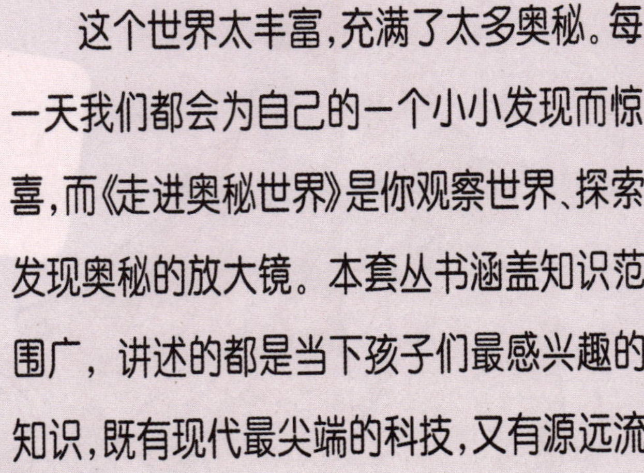

这个世界太丰富，充满了太多奥秘。每一天我们都会为自己的一个小小发现而惊喜，而《走进奥秘世界》是你观察世界、探索发现奥秘的放大镜。本套丛书涵盖知识范围广，讲述的都是当下孩子们最感兴趣的知识，既有现代最尖端的科技，又有源远流

长的古老文明；既有驾驶海盗船四处抢夺的海盗，又有开着飞碟频频光临地球的外星人……这里还有许多人类未解之谜、惊人的末世预言等待你去解开、验证。

《走进奥秘世界》系列丛书以综合式的编辑理念，超海量视觉信息的运用，作为孩子成长路上的良师益友，将成功引导孩子在轻松愉悦的氛围内学习知识，得到切实提高。

编　者

目录

CONTENTS

Chapter 1 第一章

Chapter 2 第二章

目录

CONTENTS

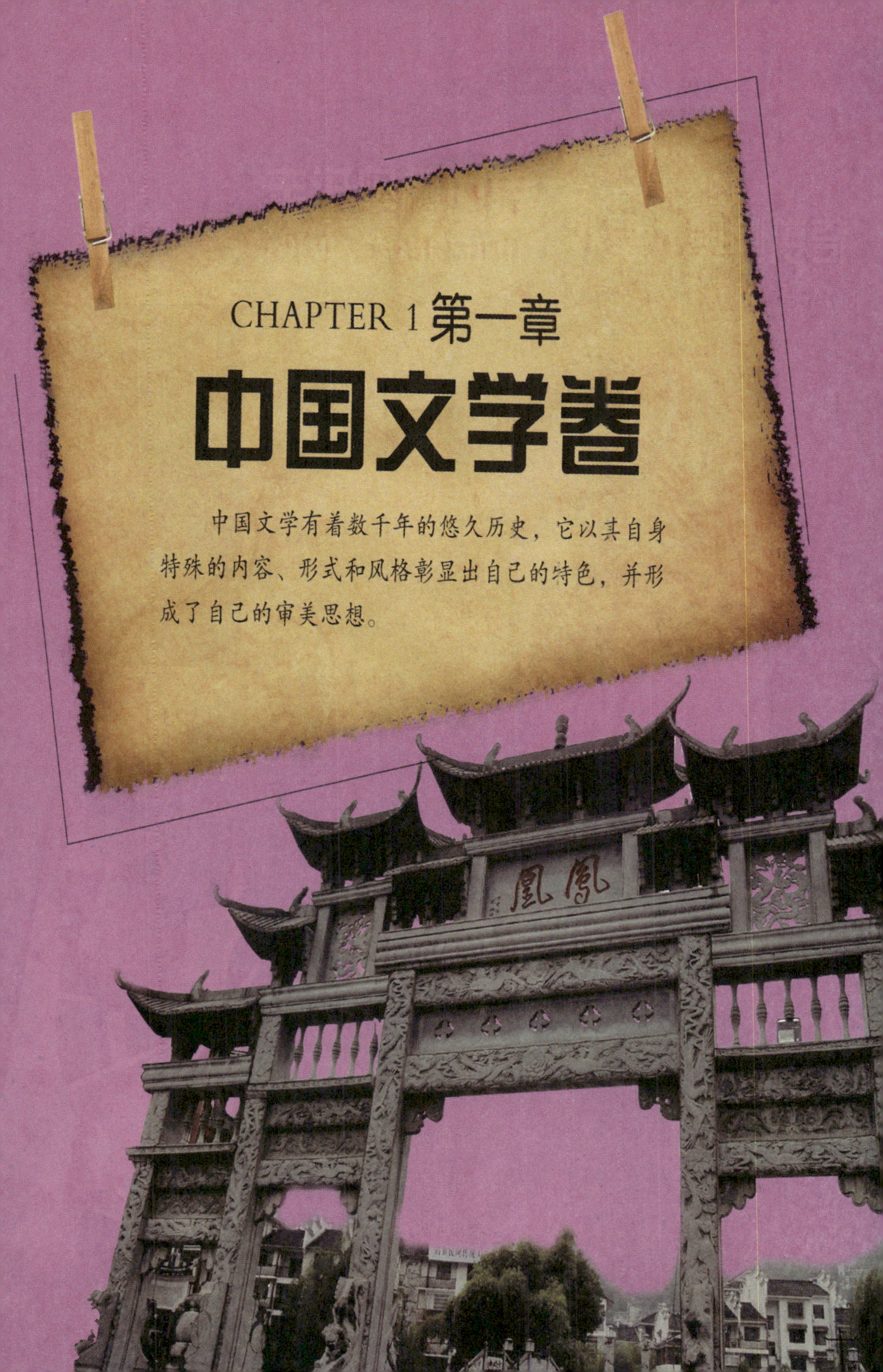

CHAPTER 1 第一章

中国文学卷

中国文学有着数千年的悠久历史，它以其自身特殊的内容、形式和风格彰显出自己的特色，并形成了自己的审美思想。

诗经

ZOUJIN AOMI SHIJIE

shī jīng shì zhōng guó gǔ diǎn shī gē de liǎng dà
《诗经》是中国古典诗歌的两大
yuán tóu zhī yī shì wǒ guó zuì zǎo de shī gē zǒng jí
源头之一，是我国最早的诗歌总集，
tā de zuò zhě lái zì shè huì gè jiē céng chǎn shēng de
它的作者来自社会各阶层，产生的
dì yù yě hěn guǎng shī jīng zhōng chú le yǒu zhōu
地域也很广。《诗经》中除了有周
wáng cháo yuè guān zhì zuò de yuè gē gōng qīng shì jìn
王朝乐官制作的乐歌，公卿、士进
xiàn de yuè gē hái yǒu xǔ duō liú chuán yú mín jiān de
献的乐歌，还有许多流传于民间的
gē yáo
歌谣。

shī jīng fǎn yìng le xī zhōu chū nián gōng yuán qián shì jì dào
《诗经》反映了西周初年（公元前11世纪）到
chūn qiū zhōng yè gōng yuán qián shì jì duō nián jiān de gǔ dài shè huì
春秋中叶（公元前6世纪）500多年间的古代社会
shēng huó gòng piān àn zuò pǐn de bù tóng yuè diào
生活，共305篇。按作品的不同乐调
kě fēn wéi fēng yǎ sòng sān dà lèi fēng zhǐ gè dì de
可分为风、雅、颂三大类，风指各地的

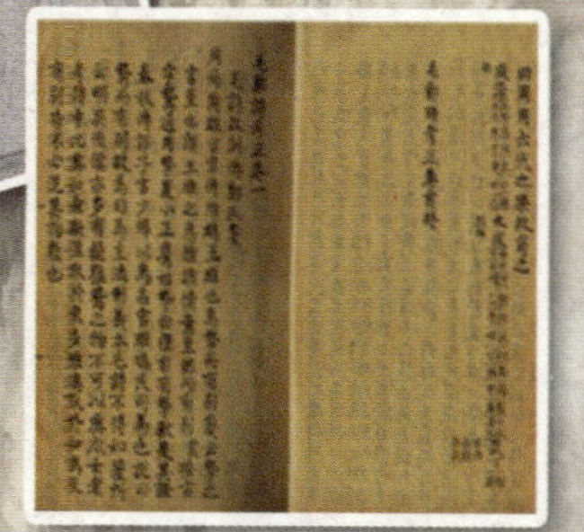

mín jiān gē yáo yǎ zhǐ guì zú de gōng
民间歌谣，雅指贵族的宫
tíng zhèng yuè sòng shì zhōu tiān zǐ hé
廷正乐，颂是周天子和
zhū hóu yòng yǐ jì sì zōng miào de wǔ
诸侯用以祭祀宗庙的舞
yuè zhè xiē zuò pǐn zài xiān qín shí dài
乐。这些作品在先秦时代
tǒng chēng wéi shī huò shī sān bǎi dào le hàn dài rú jiā bǎ tā fèng wéi
统称为《诗》或《诗三百》。到了汉代，儒家把它奉为
jīng diǎn cái chēng wéi shī jīng
经典，才称为《诗经》。

名句鉴赏

1. 关关雎鸠，在河之洲，窈窕淑女，君子好逑。《关雎》

2. 蒹葭苍苍，白露为霜。所谓伊人，在水一方。《蒹葭》

3. 知我者谓我心忧，不知我者谓我何求。悠悠苍天，此何人哉？《黍离》

左传

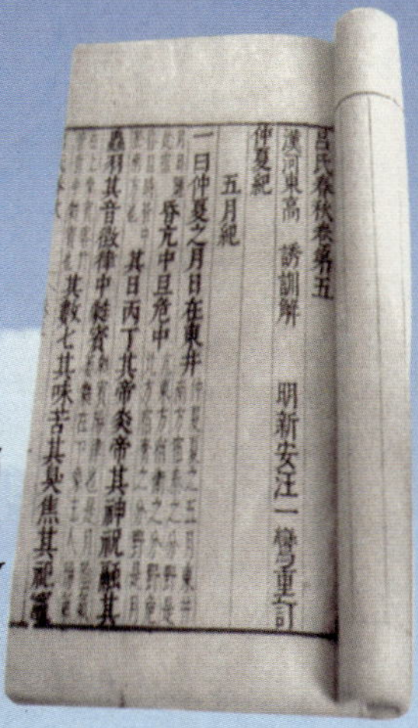

ZOUJIN AOMI SHIJIE

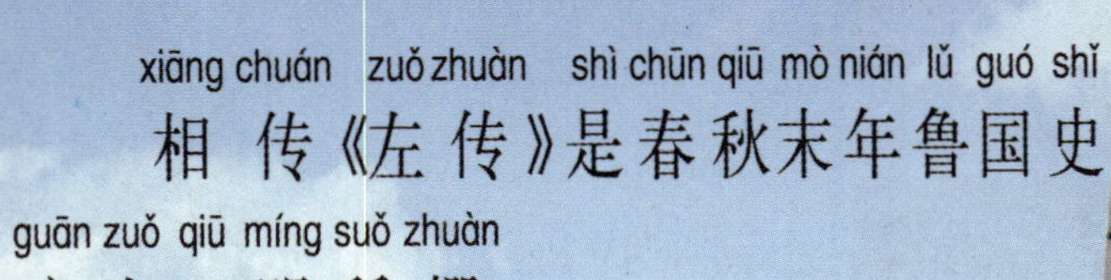

相传《左传》是春秋末年鲁国史官左丘明所撰。

因为《春秋》措辞隐晦、记载简略，《左传》对它进行了引申解释，分条附在《春秋》之后，故称《左氏春秋》，又称《春秋左氏传》，简称《左传》。

《左传》与《春秋公羊传》、《春秋谷梁传》合称“春秋三传”。

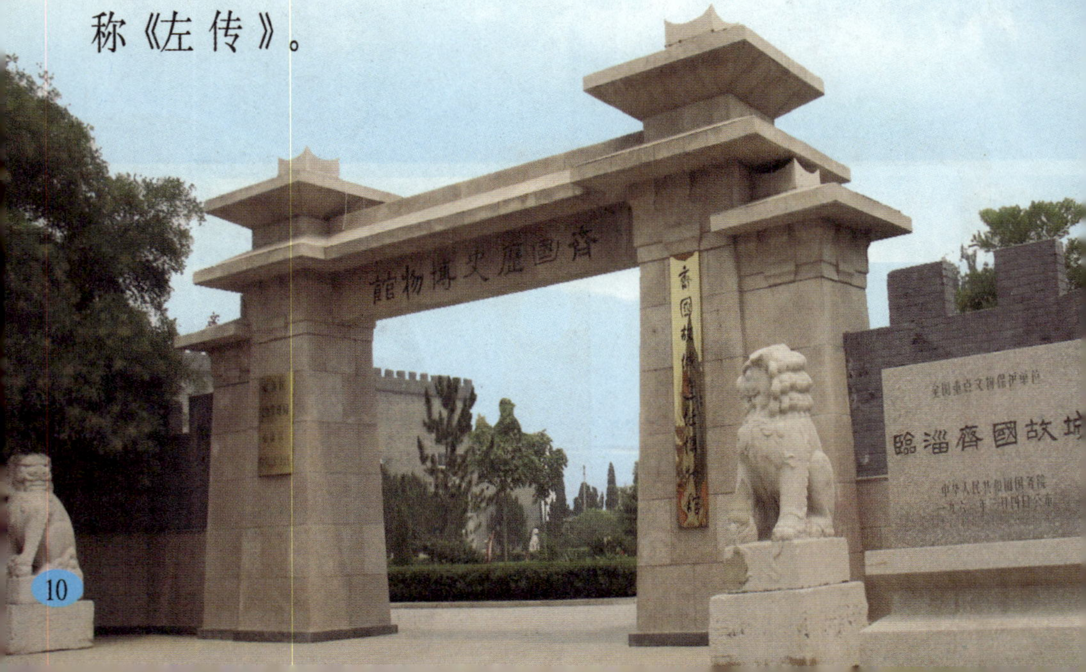

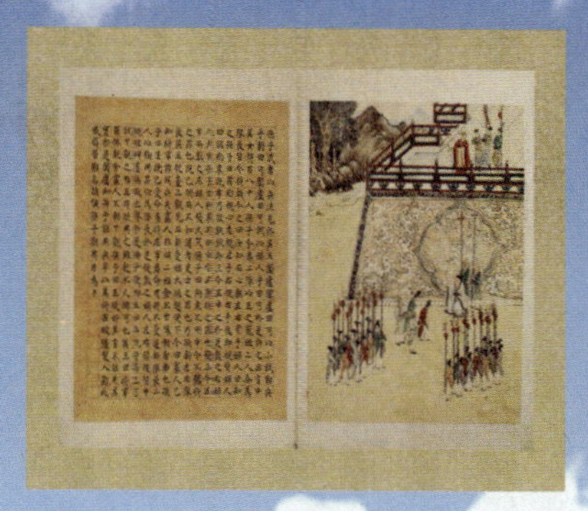

zuǒ zhuàn xì tǒng de jì shù le chūn qiū shí qī zhōu wáng cháo jí gè zhū hóu
《左传》系统地记述了春秋时期周王朝及各诸侯
guó zài zhèng zhì jīng jì jūn shì wén huà děng gè fāng miàn de lì shǐ tōng guò gè
国在政治、经济、军事、文化等各方面的历史，通过个
tǐ de rén wù huó dòng qù zhǎn shì lì shǐ huà miàn
体的人物活动去展示历史画面，
wén xué xìng bǐ chūn qiū dà dà zēng qiáng wèi
文学性比《春秋》大大增强，为
hòu shì shǐ zhuàn wén xué de fā zhǎn dǎ xià le
后世史传文学的发展打下了
liáng hǎo de jī chǔ
良好的基础。

zuǒ zhuàn bèi hòu shì chēng wéi xù shì zhī
《左传》被后世称为“叙事之
zuì shì wǒ guó xù shì sǎn wén chéng shú de biāo zhì qí zhōng yǒu bù shǎo míng
最”，是我国叙事散文成熟的标志。其中有不少名
piān zài wén xué shǐ shang yǒu hěn gāo de dì wèi tā bú dàn shì wǒ guó jié chū
篇，在文学史上有很高的地位。它不但是我国杰出
de biān nián shǐ zhù zuò hái shi wǒ guó gǔ dài yí bù yōu xiù de wén xué zhù zuò
的编年史著作，还是我国古代一部优秀的文学著作。

论语

ZOUJIN AOMI SHIJIE

lún yǔ shì kǒng zǐ dì zǐ jí qí zài chuán dì zǐ guān yú kǒng zǐ yán xíng de
《论语》是孔子弟子及其再传弟子关于孔子言行的
jì lù shì rú jiā jīng diǎn míng zuò zhī yī dāng shí kǒng zǐ de dì zǐ gè yǒu
记录，是儒家经典名作之一。当时，孔子的弟子各有
suǒ jì kǒng zǐ sǐ hòu tā men jí qí zài chuán dì zǐ bǎ suǒ jì lù de yán
所记，孔子死后，他们及其再传弟子把所记录的言
xíng huì jí qǐ lái qǔ míng wéi lún yǔ zuì hòu biān dìng yú zhàn guó chū qī
行汇集起来，取名为《论语》，最后编订于战国初期。

孔子周游列国像。

lún yǔ shì yí bù yǔ lù tǐ sǎnwén quán
《论语》是一部语录体散文，全
shū gòng piān měi piān bāo kuò ruò gān zhāng
书共20篇，每篇包括若干章，
měi zhāng jì yí jiàn shì huò jǐ jù huà dà bù
每章记一件事或几句话。大部
fen jì yán xiǎo bù fen jì shì lún yǔ nèi
分记言，小部分记事。《论语》内
róng xiāng dāng guǎng fàn shè jí zhé xué zhèng
容相当广泛，涉及哲学、政
zhì wén xué jiào yù lún lǐ děng dàn dōu shǐ
治、文学、教育、伦理等，但都始
zhōng guàn chuān zhe kǒng zǐ rén jí lǐ
终贯穿着孔子“仁”及“礼”
de sī xiǎng xué shuō
的思想学说。

学习方法？

《论语》中孔子提及的学习方法一直指导着古今人们：“学而时习之，不亦说乎”、“温故而知新，可以为师矣”、“学而不思则罔，思而不学则殆”。孔子还非常重视对知识的精益求精，“如切如磋，如琢如磨”，反对一知半解，浅尝辄止。

《论语》的语言特色

《论语》的语言言简意赅、含蓄隽永。其中孔子的教诲之言，或简单应答，点到即止；或启发论辩，侃侃而谈。

《论语》中关于做人的理论

《论语》的许多篇章都谈到了做人的问题，它强调做人要光明磊落，要重视“仁德”还要重视修养的全面发展。

《论语》中的教育思想

孔子主张“有教无类”，即受教育者不应分贵贱、贤愚，应该机会均等。这打破了教育的等级界限，使教育扩及于广大平民。

ZOUJIN AOMI SHIJIE

zhuāng zǐ yì shū shì zhàn guó shí qī dào
《庄子》一书是战国时期道
jiā xué pài de zhòng yào zhù zuò fǎn yìng le
家学派的重要著作，反映了
zhuāng zhōu jí qí dì zǐ de sī xiǎng zhuāng
庄周及其弟子的思想。《庄
zǐ yì shū jī běn shang shì zhuāng zǐ hé tā de
子》一书基本上是庄子和他的
mén rén jí qí hòu xué zhě suǒ zuò chéng shū yú
门人及其后学者所作，成书于
zhàn guó shí qī quán shū xiàn cún piān fēn nèi piān
战国时期。全书现存33篇，分内篇
piān wài piān piān zá piān piān tā shàng
7篇、外篇15篇、杂篇11篇。它上
chéng lǎo zǐ xià qǐ huái nán zǐ shì dào jiā
承《老子》，下启《淮南子》，是道家
de yí bù zhòng yào zhù zuò
的一部重要著作。

zhuāng zǐ yì shū de sī xiǎng nèi róng zhǔ
《庄子》一书的思想内容主

要有以下几个方面：全生保身，逍遥无为：全生保身是道家学说的核心，庄子认为人要“处于材与不材之间”，还要追求逍遥无为。与道为一：庄子认为道是世界的本原，道没有具体的规定性，亦无差别对立，要实现精神上的绝对自由即“得道”。无为而治：庄子明确否定现实的社会政治制度，他向往远古的至德之世，在政治上主张无为而治。

“老庄哲学”？

庄子是道家学派的代表人物，是老子哲学思想的继承者和发展者。他的学说涵盖着当时社会生活的方方面面，但根本精神还是皈依于老子的哲学。后世将他与老子并称为“老庄”，将他们的哲学为“老庄哲学”。

战国策

ZOUJIN AOMI SHIJIE

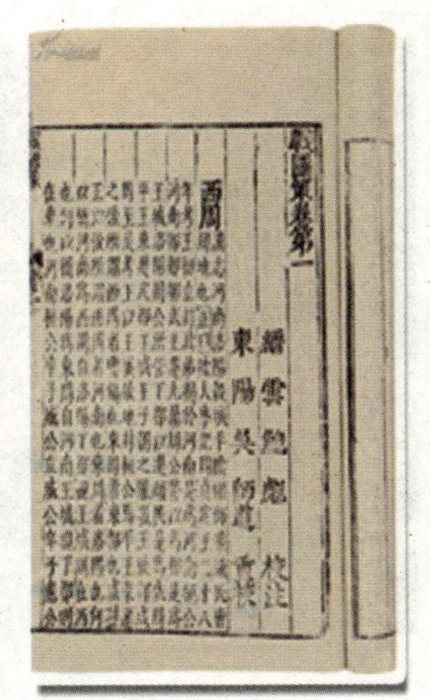

《战国策》中的文章并非一人所作。作者大多是战国后期的纵横家，后经西汉刘向编辑整理，校订成书，定名为《战国策》。

《战国策》又称《国策》。全书分东周、西周、齐、秦、楚、赵、魏、韩、燕、宋、卫、中山等12国策，共33篇。主要是叙述战国时期谋士们周游各国，在互相辩论的过程

时代背景

战国时期，魏、赵、韩、齐、楚、秦、燕这七个诸侯强国，即战国七雄，他们在军事、外交各方面的斗争十分激烈。

刘向简介

刘向（约公元前77~前6年）原名刘更生，字子政。沛县（今属江苏）人。西汉末年经学家、目录学家、文学家。

zhōng tí chū de zhèng zhì zhǔ zhāng hé zhàn dòu
中提出的政治主张和战斗
cè lüè gù míng zhàn guó cè
策略，故名《战国策》。

zhàn guó cè shì guó bié shǐ jì xù
《战国策》是国别史，记叙
shì jiàn yì bān gèng lián guàn gèng jí zhōng
事件一般更连贯、更集中。
qí tè diǎn zhǔ yào yǒu yī shì shàn yú xiě yóu shuì
其特点主要有：一是善于写游说
zhī cí èr shì shàn yú kè huà rén wù sān shì shàn yú qǔ pì shè yù yǔ yán
之辞；二是善于刻画人物；三是善于取譬设喻，语言
jīng liàn yán jǐn zhàn guó cè zhōng de gù shì suī rán gǎn rǎn lì hěn qiáng dàn
精练严谨。《战国策》中的故事虽然感染力很强，但
yǒu xiē jì zǎi zuò wéi shǐ shí lái kàn què shì bìng bù
有些记载作为史实来看却是并不
kě xìn de
可信的。

《战国策》的人物

《战国策》中的人物丰富，有纵横家，如苏秦；有义士，如鲁仲连、唐雎；有不怕死的勇士，如荆轲、聂政。

楚辞

ZOUJIN AOMI SHIJIE

chǔ cí shì yóu xī hàn mò nián zhù míng wén xué jiā mù lù xué jiā liú
《楚辞》是由西汉末年著名文学家、目录学家刘
xiàng biān zuǎn ér chéng de chǔ cí de zhǔ yào zuò zhě shì qū yuán hé sòng yù
向编纂而成的。《楚辞》的主要作者是屈原和宋玉。
chǔ cí shì zhàn guó shí qī xīng qǐ yú chǔ guó de yì zhǒng shī gē yàng
“楚辞”是战国时期兴起于楚国的一种诗歌样
shì tā shòu shī jīng de mǒu xiē yǐng xiǎng
式。它受《诗经》的某些影响，
rú jiǔ zhāng zhōng de jú sòng
如《九章》中的《橘颂》，
quán shī dōu yòng sì yán jù zài gé jù de
全诗都用四言句，在隔句的

关于屈原

屈平，字原，人们称为屈原。屈原忠事楚怀王，却屡遭排挤，怀王死后又因顷襄王听信谗言而被流放，最终投汨罗江而死。屈原是中国最伟大的浪漫主义诗人之一，也是我国已知最早的著名诗人，世界文化名人。

《九歌》是屈原诗赋中最精、最美、最富魅力的诗篇。

①

《天问》全文自始至终以问句构成，被誉为是“千古万古至奇之作”。

②

jù wěi yòng xī zì tóng chǔ cí yǒu zhí jiē xuè yuán guān xì de shì nán fāng
句尾用“兮”字。同“楚辞”有直接血缘关系的是南方
tǔ shēng tǔ zhǎng de gē yáo yǐ qián chǔ dì gē yáo jǐn yí lín bàn zhǎo de cún
土生土长的歌谣。以前楚地歌谣仅一鳞半爪地存
yú lì shǐ jì zǎi zhōng dào le zhàn guó zhōng qī qū yuán děng rén de yí xì
于历史记载中，到了战国中期，屈原等人的一系
liè zuò pǐn chū xiàn zài chǔ guó wén tán zhī hòu chǔ cí cái
列作品出现在楚国文坛之后，“楚辞”才
chéng wéi yì zhǒng wén xué yàng shì cóng hàn dài qǐ chǔ cí
成为一种文学样式。从汉代起，“楚辞”
chéng wéi qū yuán děng rén zuò pǐn de zǒng jí míng
成为屈原等人作品的总集名。

chǔ cí xuǎn biān le qū yuán de lí sāo jiǔ gē
《楚辞》选编了屈原的《离骚》、《九歌》、
tiān wèn jiǔ zhāng yuǎn yóu bǔ jū yú fù
《天问》、《九章》、《远游》、《卜居》、《渔父》
jí sòng yù de jiǔ biàn zhāo hún děng míng piān
及宋玉的《九辩》、《招魂》等名篇。

③ 《离骚》是中国古代诗歌史上最长的一首浪漫主义的政治抒情诗。

④ 《国殇》是《九歌》中的一首，内容是追悼和礼赞为国捐躯的楚国将士的亡灵。

《史记》被誉为"史家之绝唱,无韵之离骚"。

史记

ZOUJIN AOMI SHIJIE

shǐ jì shì sī mǎ qiān zhuàn xiě de wǒ guó dì yī bù
《史记》是司马迁撰写的我国第一部

jì zhuàn tǐ tōng shǐ zuì chū méi yǒu gù dìng de
纪传体通史。最初没有固定的

shū míng huò chēng tài shǐ gōng shū cóng sān
书名,或称"太史公书",从三

guó shí dài kāi shǐ yǐ shǐ jì lái mìng míng
国时代开始以"史记"来命名。

tā zài shǐ xué shang de dì wèi jí qí zhòng yào
它在史学上的地位极其重要,

yǔ sī mǎ guāng de zī zhì tōng jiàn bìng chēng shǐ xué
与司马光的《资治通鉴》并称“史学
shuāng bì
双璧”。

shǐ jì shì wǒ guó zuì zǎo de tōng shǐ jù zhù
《史记》是我国最早的通史巨著，
shàng qǐ chuán shuō zhōng de huáng dì xià qì hàn wǔ dì
上起传说中的黄帝，下迄汉武帝
tài chū nián jiān qián hòu yuē nián de lì shǐ bāo
太初年间，前后约3 000年的历史，包
luó wàn xiàng róng huì guàn tōng mài luò qīng xī xù shì
罗万象，融会贯通，脉络清晰，叙事
wán zhěng qí zhōng duì zhàn guó qín hàn de jì shù yóu
完整，其中对战国、秦、汉的记述尤
wéi xiáng jìn quán shū bāo kuò běn jì biǎo
为详尽。全书包括12本纪、10表、8
shū shì jiā liè zhuàn gòng piān jìn
书、30世家、70列传，共130篇，近53
wàn zì
万字。

shǐ jì qǔ cái guǎng fàn zhōng yú shǐ shí xǔ
《史记》取材广泛，忠于史实，许
duō duì gǔ shǐ de jì zǎi yǐ wéi chū tǔ wén wù shǐ liào suǒ
多对古史的记载已为出土文物史料所
zhèng shí tā yǔ yán shēng dòng wén bǐ jiǎn jié bǎo hán
证实。它语言生动，文笔简洁，饱含
qíng gǎn zài wén xué shǐ shang yě yǒu hěn zhòng yào de dì wèi
情感，在文学史上也有很重要的地位。

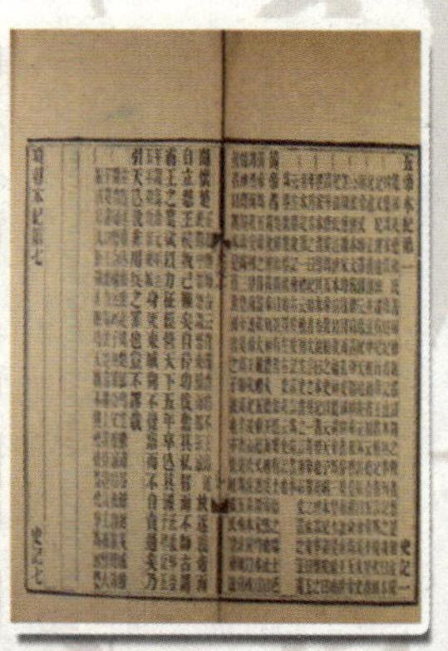

《史记》。

司马迁《报任安书》。

《司马迁妾随清娱墓志》。

在史学思想方面，《史记》体现了司马迁“究天人之际，通古今之变，成一家之言”的史学目标。《史记》试图通过史传事迹的方式来思考天人关系，通过对历史的纵横剖析和人物描写来探讨古今治乱兴衰以及人生正道，体现了作者从历史学这个独特角度来思考中国古代文化精神的深刻思想。

太史祠。

shǐ jì hái zōng hé yǐ wǎng de shǐ xué chéng guǒ chuàng zào le yì
《史记》还综合以往的史学成果，创造了一
zhǒng bǐ jiào wán bèi de shǐ shū biǎo shù xíng shì jì zhuàn tǐ
种比较完备的史书表述形式——纪传体，
chéng wéi hòu lái lì dài zhèng shǐ de kǎi mó duì zhōng guó gǔ dài shǐ
成为后来历代正史的楷模，对中国古代史
xué fā zhǎn jù yǒu shēn yuǎn de yǐng xiǎng
学发展具有深远的影响。

zì bān gù de hàn shū kāi
自班固的《汉书》开
shǐ jìn nián
始，近2 000年
lái de shǐ shū
来的史书
chuàng zuò jī běn
创作基本
dōu yán xí le
都沿袭了
shǐ jì de tǐ lì
《史记》的体例。

司马迁为何入狱

公元前99年，汉武帝派李陵带着五千名步兵与有着三万多骑兵的匈奴作战，因寡不敌众，李陵被匈奴逮住并投降。大臣们纷纷谴责李陵。司马迁对汉武帝说："李陵不肯马上去死，一定是想将功赎罪来报答皇上。"汉武帝认为他是在为李陵辩护，大怒之下将其关进了监狱。

乐府诗集

《乐府诗集》的主要作者是郭茂倩。“乐府”起源于秦，但真正的乐府诗歌始于汉代。西汉时设有太乐和乐府二署，分掌雅乐和俗乐。汉武帝时设立了乐府，采集民间歌谣配上音乐，从此揭开了乐府诗史的新篇章。至唐代“乐府”概念逐渐脱离音乐特征，而更注重内容，出现了所谓的“新乐府”。

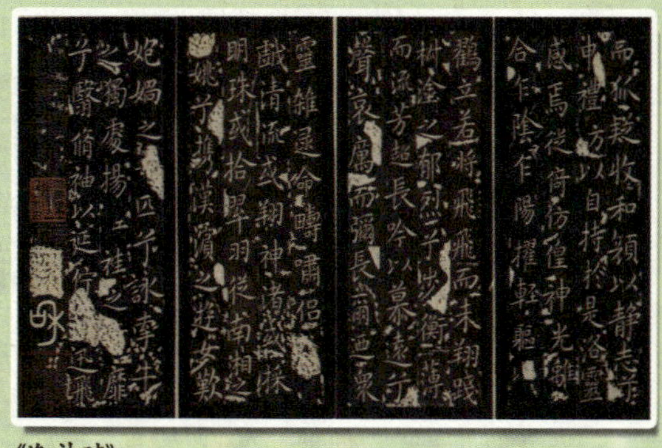

《洛神赋》。

《乐府诗集》是一部专收汉至唐五代乐府诗的诗歌总集，同时也编入了部分汉以前留传下来的古歌

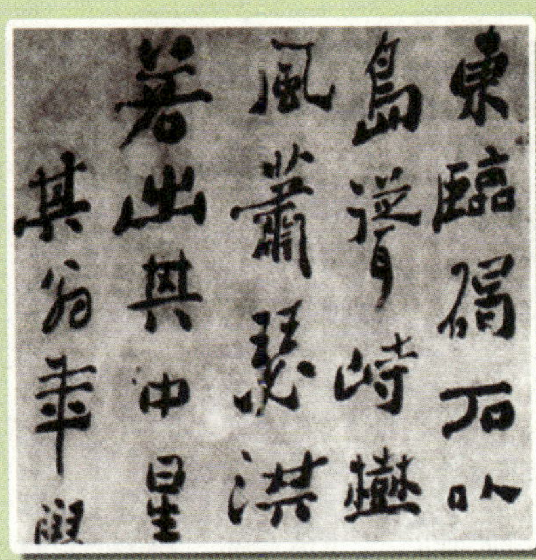

曹操的《观沧海》。

篆书曹植《白马篇》乐府诗。

cí gòng juàn nèi róng fēng fù fēn lèi
辞。共100卷，内容丰富，分类
jīng xì bǎ hàn zhì táng de yuè fǔ shī yí
精细，把汉至唐的乐府诗一
gòng fēn wéi lèi
共分为12类。

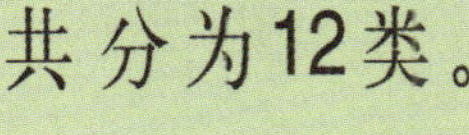

yuè fǔ shī jí zhōng de zuò pǐn huò cháng yú
《乐府诗集》中的作品或长于
xù shì huò zhòng zài shū qíng huò jí jìn kuā
叙事，或重在抒情，或极尽夸
zhāng pū chén huò duǎn xiǎo jīng hàn duì táng jí yǐ hòu
张、铺陈，或短小精悍，对唐及以后
de shī cí chuàng zuò chǎn shēng le shēn yuǎn de yǐng xiǎng
的诗词创作产生了深远的影响。

窦娥冤

ZOUJIN AOMI SHIJIE

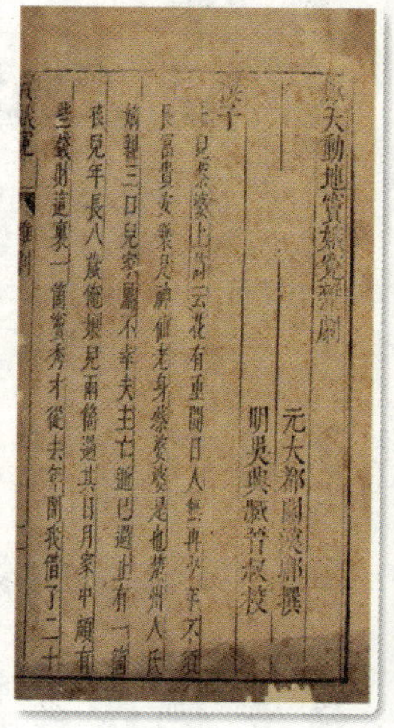
感天動地竇娥冤雜劇
元大都關漢卿撰
明吳興臧晉叔校
楔子
卜兒蔡婆上詩云花有重開日人無再少年不須長富貴安樂是神仙老身蔡婆婆是也楚州人氏嫡親三口兒家屬不幸夫主亡逝已過止有一個孩兒年長八歲俺娘兒兩個過其日月家中頗有些錢財這裏一個竇秀才從去年問我借了二十
竇娥冤 雜劇

《窦娥冤》原著。

dòu é yuān shì yuán dài xì jù jiā guān hàn qīng de zuò pǐn bèi yù wéi shì jiè shí dà bēi jù zhī yī

《窦娥冤》是元代戏剧家关汉卿的作品，被誉为世界十大悲剧之一。

dòu é yuān jiǎng shù de shì chǔ zhōu de qióng shū shēng dòu tiān zhāng yīn wèi gǎn kǎo méi lù fèi biàn jiāng nǚ ér dòu é sòng gěi cài pó pó zuò tóng yǎng xí cài pó pó ér zi yīng nián zǎo shì dòu é yǔ pó pó xiāng yī wéi mìng dì pǐ zhāng lǘ

《窦娥冤》讲述的是楚州的穷书生窦天章因为赶考没路费，便将女儿窦娥送给蔡婆婆做童养媳。蔡婆婆儿子英年早逝，窦娥与婆婆相依为命。地痞张驴

关汉卿雕像。

儿威逼窦娥嫁给自己，窦娥不从。张驴儿便想毒死蔡婆婆，结果误毒死自己的父亲。张驴儿诬赖窦娥，而楚州太守又是昏官，窦娥被屈打成招。窦娥临刑时对天发誓：一要血溅白练；二要六月降雪；三要大旱三年。果然，誓言应验。窦天章后来做官，为女儿洗去了冤屈。

《窦娥冤》表现了受迫害、受压迫阶层的人民对社会恶势力的反抗精神和对正义者取胜的热切渴望，有深刻的社会意义。

元杂剧是用北曲（北方的曲调）演唱的一种戏曲形式，金末元初产生于中国北方。

关汉卿的《窦娥冤》也被称为是元杂剧四大悲剧之一，被誉为“本色派之首”。

水浒传

ZOUJIN AOMI SHIJIE

shuǐ hǔ zhuàn miáo shù de shì běi sòng mò
《水浒传》描述的是北宋末
nián sòng jiāng děng qǐ yì de shǐ mò
年宋江等起义的始末。

sòng dài shuō shū jì yì xīng shèng zài mín
宋代说书技艺兴盛，在民
jiān liú chuán de sòng jiāng děng sān shí liù rén de gù shi cháng cháng bèi shuō shū
间流传的宋江等三十六人的故事，常常被说书
rén zuò wéi chuàng zuò huà běn de sù cái zuì zǎo xiě shuǐ hǔ gù shì de zuò pǐn shì
人作为创作话本的素材。最早写水浒故事的作品是

山东泰安梁山。

dà sòng xuān hé yí shì tā kě néng chū yú yuán rén
《大宋宣和遗事》，它可能出于元人
zhī shǒu huò wéi sòng rén jiù běn ér yuán shí yòu yǒu
之手，或为宋人旧本而元时又有
zēng gǎi tā suǒ jì zǎi de shuǐ hǔ gù shì cóng yáng
增改。它所记载的水浒故事从杨
zhì mài dāo shā rén qǐ jīng zhì qǔ shēng chén gāng
志卖刀杀人起，经智取生辰纲、
sòng jiāng shā xī jiǔ tiān xuán nǚ shòu tiān shū zhí dào
宋江杀惜、九天玄女授天书，直到
shòu zhāo ān píng fāng là zhǐ shùn xù hé xiàn zài de
受招安平方腊止，顺序和现在的
shuǐ hǔ zhuàn jī běn yí zhì
《水浒传》基本一致。

史进。

yuán dài zá jù shèng xíng zài bù tóng dì qū
元代杂剧盛行，在不同地区
dōu yǒu dà liàng de shuǐ hǔ jù běn chū xiàn shī nài ān zhèng shì bǎ zhè xiē zài bù
都有大量的水浒剧本出现。施耐庵正是把这些在不

tóng dì qū liú chuán de gù shì huì jí qi lai jīng guò shāi
同地区流传的故事汇集起来，经过筛
xuǎn jiā gōng zài chuàng zuò cái xiě chéng zhè bù
选、加工、再创作，才写成这部
yōu xiù de gǔ diǎn míng zhù shuǐ hǔ zhuàn
优秀的古典名著《水浒传》。
shuǐ hǔ zhuàn gù shì qíng jié kě fēn
《水浒传》故事情节可分
wéi liù dà bù fen dì yī bù fen xiě lǔ zhì
为六大部分，第一部分写鲁智
shēn lín chōng yáng zhì sòng jiāng wú yòng
深、林冲、杨志、宋江、吴用、
wǔ sōng lǐ kuí děng míng yīng xióng hǎo hàn
武松、李逵等108名英雄好汉
bèi bī shàng liáng shān de jīng guò dì èr bù fen xiě liáng shān qǐ yì jūn tóng guān
被逼上梁山的经过；第二部分写梁山起义军同官
jūn duì kàng zuò zhàn hòu yòu yì qǐ shòu cháo tíng zhāo ān dì sān bù
军对抗作战，后又一起受朝廷招安；第三部
fen xiě sòng jiāng děng fèng mìng
分写宋江等奉命

zhēng liáo dì sì bù fen xiě sòng jiāng děng zhēng tián hǔ dì
征辽；第四部分写宋江等征田虎；第
wǔ bù fen xiě sòng jiāng děng zhēng wáng qìng dì liù bù
五部分写宋江等征王庆；第六部
fen xiě sòng jiāng děng zhēng fāng là zhì zuì hòu shī bài
分写宋江等征方腊至最后失败。

shuǐ hǔ zhuàn chēng de shàng shì yí bù
《水浒传》称得上是一部
nóng mín qǐ yì de shǐ shī tā xíng xiàng de
农民起义的史诗，它形象地
miáo huì le běi sòng mò nián nóng mín qǐ yì
描绘了北宋末年农民起义
cóng fā shēng fā zhǎn zhí zhì shī bài de quán guò chéng shēn kè jiē
从发生、发展直至失败的全过程，深刻揭
shì le dāng shí qǐ yì de shè huì gēn yuán yě gē sòng le qǐ yì yīng
示了当时起义的社会根源，也歌颂了起义英
xióng de háo qíng zhuàng jǔ jiē lù le tā men de fǎn kàng dòu zhēng
雄的豪情壮举，揭露了他们的反抗斗争
jí qǐ yì shī bài de nèi zài lì shǐ yuán yīn
及起义失败的内在历史原因。

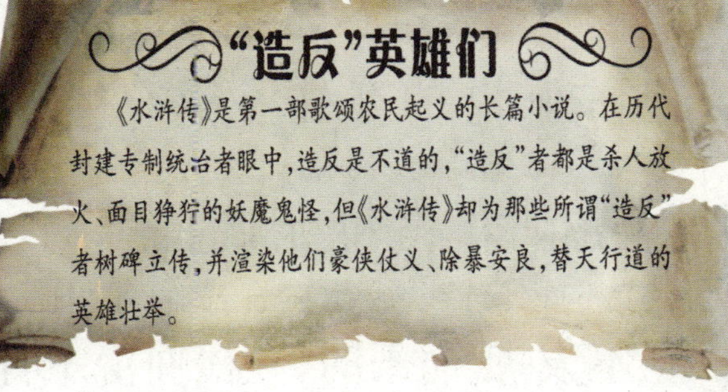

“造反”英雄们

《水浒传》是第一部歌颂农民起义的长篇小说。在历代封建专制统治者眼中，造反是不道的，“造反”者都是杀人放火、面目狰狞的妖魔鬼怪，但《水浒传》却为那些所谓“造反”者树碑立传，并渲染他们豪侠仗义、除暴安良，替天行道的英雄壮举。

三国演义

张飞。

sān guó yǎn yì miáo xiě le cóng gōng yuán
《三国演义》描写了从公元
gōng yuán nián jìn bǎi nián jiān de wèi
184～公元280年近百年间的魏、
shǔ wú sān guó xīng wáng shèng shuāi de lì shǐ jìn
蜀、吴三国兴亡盛衰的历史进
chéng quán shū yì bǎi èr shí huí shēng shì hào
程。全书一百二十回，声势浩
dà gù shi bō lán zhuàng kuò qíng jié diē dàng
大，故事波澜壮阔，情节跌宕
qǐ fú rén wù xìng gé xiān míng bǎo mǎn shì wǒ guó gǔ
起伏，人物性格鲜明饱满，是我国古
diǎn cháng piān lì shǐ xiǎo shuō de zuì gāo chéng jiù
典长篇历史小说的最高成就。

sān guó yǎn yì shì zhōng guó zhāng
《三国演义》是中国章
huí xiǎo shuō de kāi shān zhī zuò tā shì yóu
回小说的开山之作，它是由
wǒ guó sòng dài hé yuán dài de jiǎng shǐ huà
我国宋代和元代的讲史话
běn fā zhǎn ér lái de zài mín jiān liú chuán de
本发展而来的，在民间流传的

jī chǔ shang jīng shuō shū rén huò xì qǔ yì rén bǔ
基础上，经说书人或戏曲艺人补
chōng zhú jiàn fēng fù nèi róng zuì hòu luó guàn zhōng
充，逐渐丰富内容，最后罗贯中
jù zhèng shǐ cǎi xiǎo shuō zhèng wén cí tōng hào
“据正史，采小说，证文辞，通好
shàng chuàng zuò chū sān guó zhì tōng sú yǎn yì
尚”，创作出《三国志通俗演义》。
sān guó yǎn yì zài mín jiān wén xué de jī chǔ shang
《三国演义》在民间文学的基础上
jiā rù le wén rén chuàng zuò luó guàn zhōng chōng fèn
加入了文人创作，罗贯中充分

yùn yòng sān guó zhì hé péi sōng zhī zhù děng shǐ jí suǒ tí gōng de cái liào
运用《三国志》和裴松之注等史籍所提供的材料，
zhòng yào lì shǐ shì jiàn dōu yǔ shǐ shí xiāng fú yòu dà liàng cǎi lù huà běn xì
重要历史事件都与史实相符；又大量采录话本、戏
jù mín jiān chuán shuō de nèi róng zài xì jié chù duō yǒu xū gòu xíng chéng qī
剧、民间传说的内容，在细节处多有虚构，形成“七

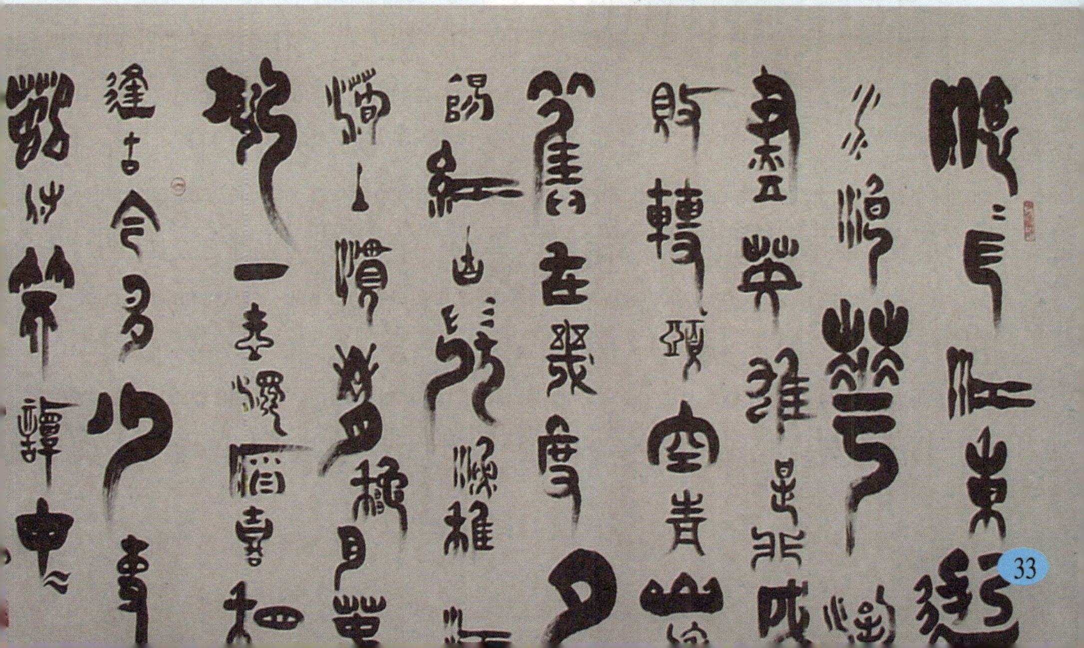

fēn shǐ shí sān fēn xū gòu de yí bù guī mó
分史实，三分虚构”的一部规模
hóng dà yǐng xiǎng shēn yuǎn de gǔ diǎn lì shǐ
宏大、影响深远的古典历史
míng zhù
名著。

sān guó yǎn yì yáng yáng yú wàn
《三国演义》洋洋70余万
zì jié gòu hóng wěi rén wù zhòng duō qíng
字，结构宏伟，人物众多，情

赵子龙。

jié cuò zōng fù zá shēng dòng de fǎn
节错综复杂，生动地反
yìng le cóng huáng jīn qǐ yì dào xī jìn
映了从黄巾起义到西晋
tǒng yī zhè duō nián zhōng gè fēng
统一这90多年中，各封
jiàn tǒng zhì jí tuán jiān de zhèng zhì jūn shì dòu zhēng zài xiàn le sān guó shí qī
建统治集团间的政治、军事斗争，再现了三国时期
de lì shǐ miàn mào qí zhōng miáo xiě zhàn zhēng de yì shù fēi cháng gāo chāo
的历史面貌。其中描写战争的艺术非常高超。
quán shū miáo xiě shàng bǎi cì gè zhǒng lèi xíng de zhàn zhēng jūn bù chóng fù zài
全书描写上百次各种类型的战争，均不重复。在

jīn gē tiě mǎ de zhēng dòu zhōng yòu bù shí chuān chā miáo xiě dà jiāng míng yuè yǐn
金戈铁马的争斗中，又不时穿插描写大江明月、饮
jiǔ fù shī děng shū qíng
酒赋诗等抒情
chǎng jǐng cóng ér shǐ
场景，从而使
gù shi yǒu zhāng yǒu
故事有张有
chí diē dàng qǐ fú
弛，跌宕起伏，
kòu rén xīn xián
扣人心弦。

艺术价值

《三国演义》开创了演义小说的先河，在其之后，虽有很多人纷纷效仿，但其艺术成就都不敌《三国演义》。

关羽。

西游记

ZOUJIN AOMI SHIJIE

《西游记》是我国古典四大名著之一，是一部在中国文学史上产生过巨大影响的长篇神话小说，是中国古代神魔小说的代表作。它那令人回肠荡气的宏伟结构，是吴承恩在对传统题材改造的基础上创作

沙僧。

ér chéng de
而成的。

xī yóu jì de gù shi jīng lì le yí gè màn
《西游记》的故事经历了一个漫
cháng de yǎn biàn lì chéng táng sēng qǔ jīng de gù
长的演变历程。唐僧取经的故
shi shì yóu xuán zàng yuǎn fù tiān zhú qǔ jīng de jīng
事是由玄奘远赴天竺取经的经
lì yǎn yì ér chéng de xuán zàng qǔ huí fó jīng
历演绎而成的。玄奘取回佛经
bù hòu xiàng dì zǐ biàn jī kǒu shù xī xíng jiàn
657部后，向弟子辩机口述西行见
wén bìng yóu tā zhěng lǐ xiě chéng dà táng xī yù jì tā de dì zǐ huì
闻，并由他整理写成《大唐西域记》，他的弟子慧
lì yàn cóng yòu xiě chéng dà táng dà cí ēn sì sān zàng fǎ shī zhuàn jì shù
立、彦琮又写成《大唐大慈恩寺三藏法师传》，记述
xuán zàng qǔ jīng shì jì wèi le xuān chuán fó jiào bìng sòng yáng shī fu de yè
玄奘取经事迹。为了宣传佛教并颂扬师父的业
jì tā men bù miǎn kuā dà qí cí bìng chā rù yì xiē dài yǒu shén huà sè cǎi
绩，他们不免夸大其辞，并插入一些带有神话色彩

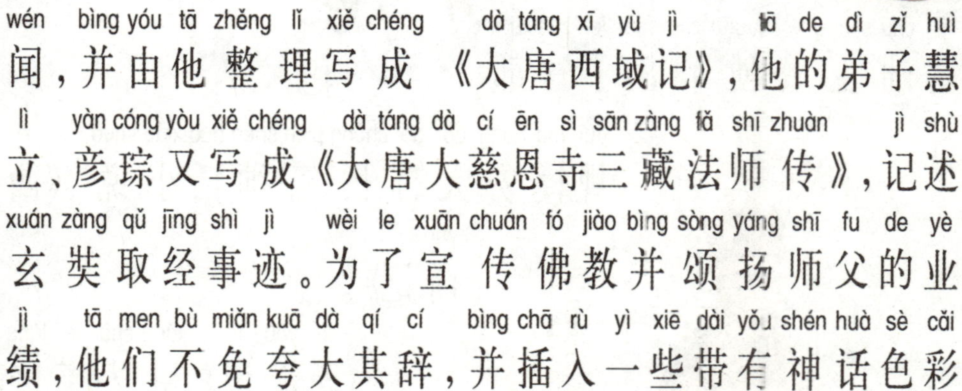

de gù shi rú xī nǚ guó shēng nán bù jǔ
的故事，如西女国生男不举，
jiā shī luó guó miè huài fó fǎ děng
迦湿罗国“灭坏佛法”等。

cǐ hòu qǔ jīng gù shi jí zài shè
此后取经故事即在社
huì shang guǎng fàn liú chuán yù chuán
会上广泛流传，愈传
yù lí qí wú chéng ēn jiù shì zài zhè
愈离奇。吴承恩就是在这
xiē chuán shuō píng huà hé xì qǔ de
些传说、平话和戏曲的
jī chǔ shang chuàng zuò chū le zhè bù
基础上，创作出了这部
guī mó hóng dà de cháng piān shén huà xiǎo shuō xī
规模宏大的长篇神话小说《西
yóu jì
游记》。

xī yóu jì jiǎng shù le táng
《西游记》讲述了唐
sēng shī tú wǔ rén xíng le shí wàn bā
僧师徒五人行了十万八
qiān lǐ jīng lì jiǔ jiǔ bā shí yī nàn
千里、经历九九八十一难
zhōng yú dào xī tiān qǔ dé zhēn jīng de
终于到西天取得真经的
gù shì qí zhōng wǒ men ěr shú néng
故事，其中我们耳熟能

唐僧。

xiáng de duàn zi yǒu dà nào
详的段子有“大闹
tiān gōng sān dǎ bái
天宫”、“三打白
gǔ jīng huǒ yàn shān
骨精”、“火焰山”
děng sūn wù kōng zhū bā
等，孙悟空、猪八
jiè shā sēng de xíng xiàng
戒、沙僧的形象
kān chēng jīng diǎn
堪称经典。

wú chéng ēn yīn wèi duì dāng shí shè huì zhèng zhì fǔ bài shì fēng duò luò
吴承恩因为对当时社会政治腐败、世风堕落
de xiàn xiàng shí fēn fèn kǎi suǒ yǐ zài xī yóu jì zhōng biǎo xiàn chū le miè
的现象十分愤慨，所以在《西游记》中表现出了蔑
shì huáng quán de jīng shén bìng chuàng zào chū yí gè zhǎn xié chú yāo
视皇权的精神，并创造出一个斩邪除妖
de yīng xióng rén wù
的英雄人物。

现实意义

《西游记》描写了一个丰富多彩的神魔世界。它虽是一部神魔小说，但它从虚幻的角度出发，以轻松的口吻反映出了当时社会现实的黑暗。小说虽表现得轻松幽默，但却反映了深刻的思想。因此在艺术上取得了极大的成就。

京剧《牡丹亭》表演。

牡丹亭

ZOUJIN AOMI SHIJIE

míng dài xì jù jiā tāng xiǎn zǔ de mǔ dān
明代戏剧家汤显祖的《牡丹
tíng jiǎng shù le pín hán shū shēng liǔ mèng méi yǔ
亭》讲述了贫寒书生柳梦梅与
tài shǒu zhí nǚ dù lì niáng zài mèng zhōng mǔ dān tíng
太守侄女杜丽娘在梦中牡丹亭
xiāng jiàn hù xiāng ài mù de gù shi dù lì niáng xǐng lái
相见，互相爱慕的故事。杜丽娘醒来
hòu biàn yīn xiāng sī chéng jí ér sǐ sǐ hòu zàng zài méi
后，便因相思成疾而死，死后葬在梅

shù xià sān nián hòu liǔ mèng méi fù jīng yìng shì ér dù lì
树下。三年后，柳梦梅赴京应试，而杜丽
niáng hún yóu hòu huā yuán yǔ liǔ mèng méi xiāng jiàn hòu
娘魂游后花园与柳梦梅相见。后
lái dù lì niáng sǐ hòu fù shēng liǎng rén jié wéi fū qī
来，杜丽娘死后复生，两人结为夫妻。
mǔ dān tíng zhōng bù shǎo qíng jié qǔ zì huà běn
《牡丹亭》中不少情节取自话本
dù lì niáng mù sè huán hún dàn qíng jié hé zhǔ tí
《杜丽娘慕色还魂》，但情节和主题
shang yǒu jiào dà gǎi dòng gāi jù zhǔ yào biǎo xiàn de shì
上有较大改动。该剧主要表现的是
qīng nián nán nǚ duì zì yóu ài qíng shēng huó de zhuī qiú
青年男女对自由爱情生活的追求。
mǔ dān tíng kě yǐ shuō shì yí bù chōng mǎn jī jí
《牡丹亭》可以说是一部充满积极
làng màn zhǔ yì sī xiǎng de wěi dà jié zuò jù zhōng dù
浪漫主义思想的伟大杰作。剧中杜
liǔ yōu huì xiāng sī ér wáng rén guǐ tóng jū huán hún
柳幽会、相思而亡、人鬼同居、还魂
chéng hūn de qíng jié ān pái hé miáo xiě yě bié jù yì
成婚的情节安排和描写也别具一
gé běn jù tōng guò jí qí làng màn kuā zhāng de yì shù
格。本剧通过极其浪漫夸张的艺术
shǒu fǎ biǎo xiàn chū dāng shí shè huì yāo qiú gè xìng jiě fàng
手法表现出当时社会要求个性解放
de sī xiǎng qīng xiàng
的思想倾向。

游园惊梦。

《牡丹亭》剧照。

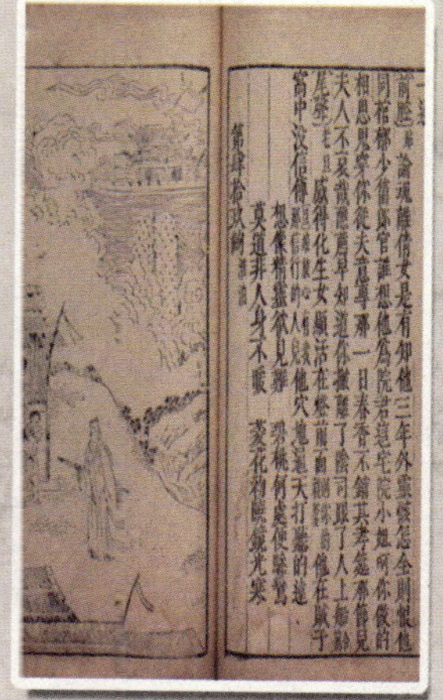
《牡丹亭》书影。

桃花扇

ZOUJIN AOMI SHIJIE

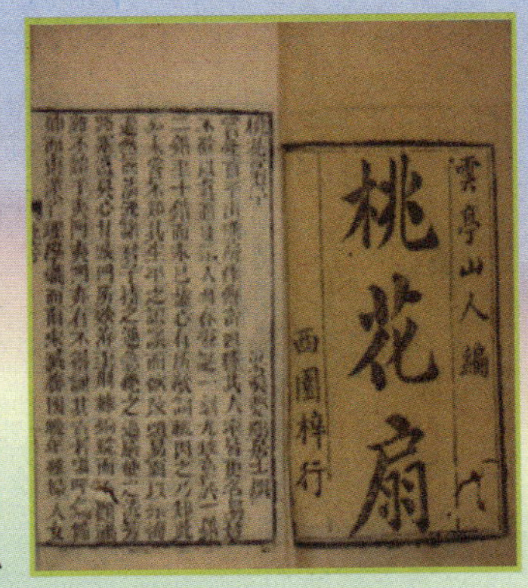

míng mò kǒng shàng rèn de táo huā shàn
明末孔尚任的《桃花扇》
shì yí bù lì shǐ jù tā de chū xiàn jí dà
是一部历史剧，它的出现，极大
de fā zhǎn le lì shǐ jù zhōng yú kè guān shǐ shí
地发展了历史剧忠于客观史实
de chuán tǒng kě yǐ chēng de shang shì dāng shí
的传统，可以称得上是当时
lì shǐ wǔ tái shang de yí bù xìn shǐ
历史舞台上的一部“信史”。

táo huā shàn yǐ nán míng wáng cháo de xīng wáng wéi xiàn suǒ
《桃花扇》以南明王朝的兴亡为线索，

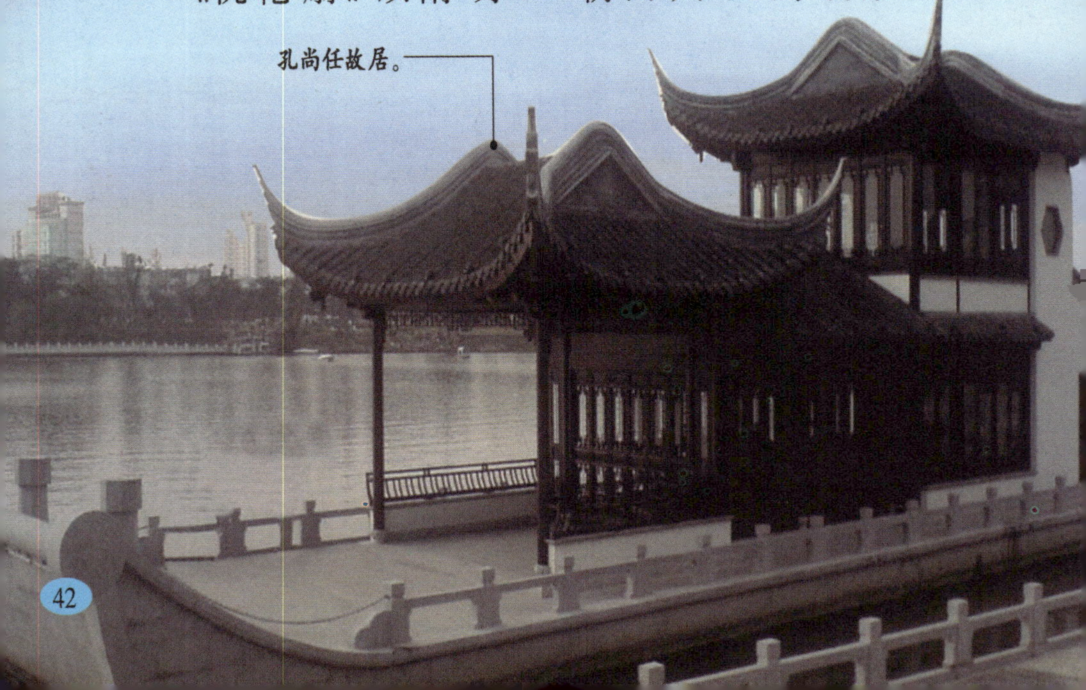

孔尚任故居。

jiǎng shù le fù shè wén rén hóu fāng
讲述了复社文人侯方
yù bì luàn nán jīng jié shí qín
域避乱南京，结识秦
huái míng jì lǐ xiāng jūn liǎng rén
淮名妓李香君，两人
yí jiàn zhōng qíng de gù shi lǐ
一见钟情的故事。李
xiāng jūn suī wéi míng jì què shēn
香君虽为名妓，却深
míng dà yì bù jǐn zì jǐ yǔ cháo tíng jiān chén ruǎn
明大义，不仅自己与朝廷奸臣阮
dà chéng huà qīng jiè xiàn hái quàn hóu fāng yù yuǎn lí ruǎn
大铖划清界限，还劝侯方域远离阮
dà chéng hòu lái hóu fāng yù bèi ruǎn dà chéng xiàn hài bèi pò táo nàn qīng
大铖。后来，侯方域被阮大铖陷害，被迫逃难。清
bīng nán xià yǐ hòu hóu fāng yù hé lǐ xiāng jūn xiāng jiàn bèi zhāng dào shi yǐ guó
兵南下以后，侯方域和李香君相见，被张道士以国
hèn jiā hèn diǎn xǐng èr rén shuāng shuāng chū jiā
恨、家恨点醒，二人双双出家。

kǒng shàng rèn yǐ xì qǔ de xíng shì zhǎn xiàn le
孔尚任以戏曲的形式展现了
míng mò fù zá de shè huì máo dùn hé mín zú máo dùn
明末复杂的社会矛盾和民族矛盾，
yì shù de zǒng jié le zhè yí duàn lì shǐ jiào xùn jì
艺术地总结了这一段历史教训，寄
yù le zuò zhě de wáng guó zhī tòng hé gù guó zhī sī
寓了作者的亡国之痛和故国之思。

历史影响

《桃花扇》形象地刻画了明朝灭亡前封建统治阶级的腐化堕落的现象，剧本一经脱稿就得到了社会的重视。

三言二拍

ZOUJIN AOMI SHIJIE

bái huà xiǎo shuō zǒng jí sān yán èr pāi shì jīng sòng yuán míng sān dài huì biān ér chéng de sān yán shì zhǐ yù shì míng yán jǐng shì tōng yán xǐng shì héng yán yóu féng mèng lóng suǒ zuò fēn bié wéi sì shí juàn hòu jīng jiā gōng zhěng lǐ ér chéng duǎn piān xiǎo shuō gòng yì bǎi èr shí piān èr pāi shì zhǐ chū kè pāi àn jīng qí

白话小说总集《三言二拍》是经宋、元、明三代汇编而成的。“三言”是指《喻世明言》、《警世通言》、《醒世恒言》，由冯梦龙所作，分别为四十卷，后经加工整理而成短篇小说共一百二十篇。“二拍”是指《初刻拍案惊奇》、

èr kè pāi àn jīng qí yóu líng
《二刻拍案惊奇》，由凌
méng chū suǒ zuò gòng jì qī shí bā
濛初所作，共计七十八
piān duǎn piān xiǎo shuō yì piān zá
篇短篇小说，一篇杂
jù sān yán yǔ èr pāi hé
剧。“三言”与“二拍”合
chēng wéi sān yán èr pāi
称为三言二拍。

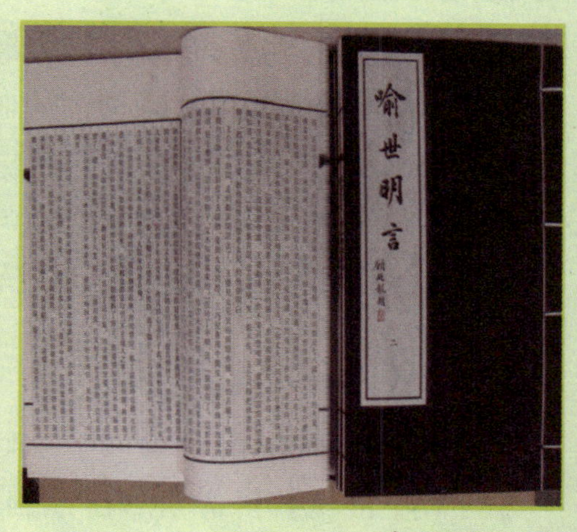

《喻世明言》书影。

sān yán èr pāi zhōng
《三言二拍》中，
sòng yuán huà běn yuē zhàn dà duō wéi míng dài huà běn hé wén rén de nǐ
宋元话本约占1/3，大多为明代话本和文人的拟
zuò dàn dōu shì jīng guò féng mèng lóng hé líng méng chū zhěng lǐ rùn sè hòu jīng
作，但都是经过冯梦龙和凌濛初整理、润色后经
rén zǐ xì biān xiě ér chéng de yǒu
人仔细编写而成的，有
zhe míng xiǎn de xīn shí dài tè sè
着明显的新时代特色。
yí lèi zuò pǐn shì kěn dìng jīng shāng
一类作品是肯定经商
zhì fù de xíng wéi gē sòng shāng rén
致富的行为，歌颂商人
zhī jiān de yǒu yì jí gòng tóng hé
之间的友谊，及共同合
zuò de róng qià rú zhuǎn yùn hàn
作的融洽，如《转运汉

yù qiǎo dòng tíng hóng　bō sī hú zhǐ pò tuó lóng qiào　lìng yí lèi zuò pǐn gē sòng
遇巧洞庭红 波斯胡指破鼍龙壳》；另一类作品歌颂
le zhōng xià céng shì jǐng fù nǚ de měi dé　rú　dù shí niáng nù chén bǎi bǎo
了中下层市井妇女的美德，如《杜十娘怒沉百宝
xiāng　hái yǒu yí lèi zuò pǐn zhuó zhòng jiē lù le shè huì gè zhǒng chǒu è　hēi àn
箱》。还有一类作品着重揭露了社会各种丑恶、黑暗
de xiàn xiàng
的现象。

yù shì míng yán　yuán míng　gǔ jīn xiǎo shuō　yǐ miáo xiě shì jǐng mín
《喻世明言》原名《古今小说》，以描写市井民
zhòng de zuò pǐn zuì yǐn rén zhù mù　jǐng shì tōng yán　zhǔ yào tōng guò ài qíng bēi
众的作品最引人注目；《警世通言》主要通过爱情悲
jù biǎo xiàn fù nǚ bú gù lǐ jiào　duì yú zì yóu xìng
剧表现妇女不顾礼教，对于自由幸
fú de dà dǎn zhuī qiú　xǐng shì héng yán　zhōng
福的大胆追求；《醒世恒言》中，

冯梦龙雕塑。

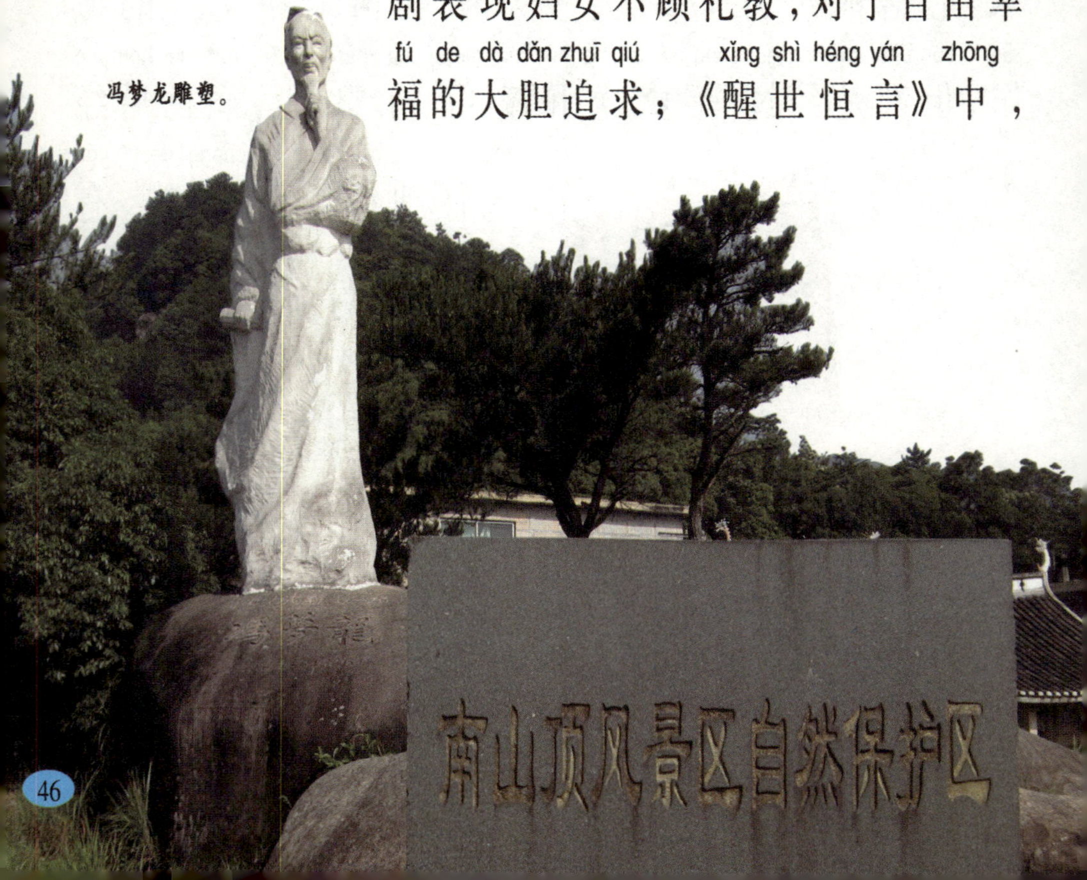

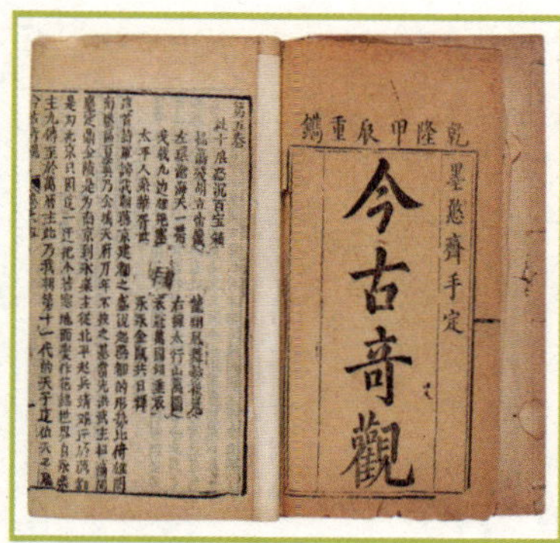

《三言二拍》。

繁荣的元朝景象。

guān yú ài qíng hūn yīn jiā tíng de miáo xiě
关于爱情、婚姻、家庭的描写
zhàn zhǔ tǐ
占主体。

hé sān yán yí yàng èr pāi yě
和“三言”一样，“二拍”也
yǐ ài qíng gù shi wéi zhǔ dàn zài miáo xiě ài
以爱情故事为主，但在描写爱
qíng yǔ hūn yīn gù shì shí cháng cháng kěn dìng
情与婚姻故事时，常常肯定
fù nǚ de quán lì tí gāo fù nǚ
妇女的权利，提高妇女
de shè huì dì wèi èr
的社会地位，“二
pāi zhōng bù fen piān
拍”中部分篇
zhāng yě fǎn yìng le
章也反映了
shāng rén de jīng jì huó dòng
商人的经济活动。

“三言二拍”的基本介绍

“三言”中的作品有宋元旧篇、元代新作和冯梦龙所作，但都经过了冯梦龙的修改。其中每一章节都讲述了一个道理，但一些章节语言比较污秽。“二拍”中的作品反映了市民阶层的生活，表达了他们强烈的金钱欲望。

聊斋志异

ZOUJIN AOMI SHIJIE

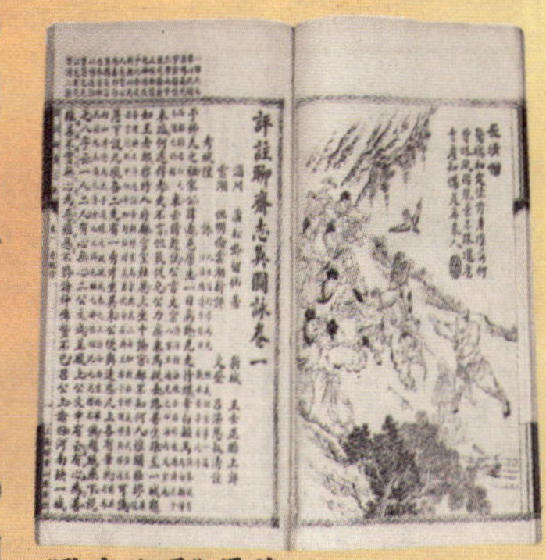
《聊斋志异》原著。

qīng dài xiǎo shuō jiā pú sōng líng suǒ zuò de liáo zhāi zhì yì bāo kuò yuē piān xiǎo shuō qǔ cái guǎng fàn xiǎng xiàng fēng fù yòng chuán qí fǎ ér yǐ zhì guài yì shù fēng gé dú tè zài liáo zhāi zhì yì zhè bù xiǎo shuō zhōng pú sōng líng tán guǐ shuō hú xiě xiān miáo shén bǎi huàn bìng zuò wú qí bù yǒu zhǎn shì chū yí gè gè shén qí mò cè de mí rén jìng jiè

清代小说家蒲松龄所作的《聊斋志异》包括约500篇小说，取材广泛，想象丰富，“用传奇法，而以志怪”，艺术风格独特。在《聊斋志异》这部小说中，蒲松龄谈鬼说狐，写仙描神，百幻并作，无奇不有，展示出一个个神奇莫测的迷人境界。

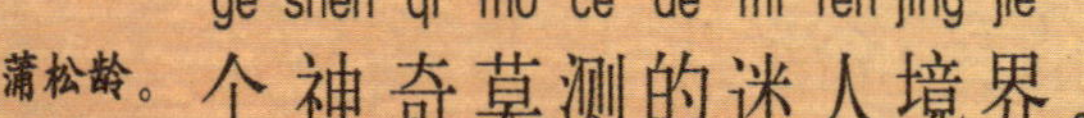
蒲松龄。

liáo zhāi zhì yì zài bào lù tǒng zhì jiē jí tān bào bù rén de tóng shí hái xiě chū le bèi yā pò rén mín de fǎn kàng dòu zhēng zuò zhě duì tā men de jìng yù biǎo shì chū shēn qiè

《聊斋志异》在暴露统治阶级贪暴不仁的同时，还写出了被压迫人民的反抗斗争，作者对他们的境遇表示出深切

de tóng qíng rú xí fāng píng tā hái jiē lù le
的同情，如《席方平》。它还揭露了
kē jǔ kǎo shì de zhǒng zhǒng bì duān rú sù qiū
科举考试的种种弊端，如《素秋》。
xiāng bǐ zhī xià liáo zhāi zhì yì zhōng miáo xiě ài
相比之下，《聊斋志异》中描写爱
qíng hūn yīn de gù shì zuì duō yǒu rén hé rén de liàn
情婚姻的故事最多，有人和人的恋
ài hái yǒu rén hé hú guǐ de liàn ài rú qīng fèng zài fēng jiàn lǐ jiào
爱，还有人和狐鬼的恋爱，如《青凤》。在封建礼教
shèng xíng de nián dài li zuò zhě jiè cǐ biǎo dá le guǎng dà qīng nián nán nǚ duì
盛行的年代里，作者借此表达了广大青年男女对
zhēn zhèng ài qíng de xiàng wǎng hé chōng jǐng chú cǐ zhī wài liáo zhāi zhì yì
真正爱情的向往和憧憬。除此之外，《聊斋志异》
zhōng hái yǒu yí bù fen zuò pǐn pēng jī le qiǎn bó de shè huì fēng qì gē sòng le
中还有一部分作品抨击了浅薄的社会风气，歌颂了

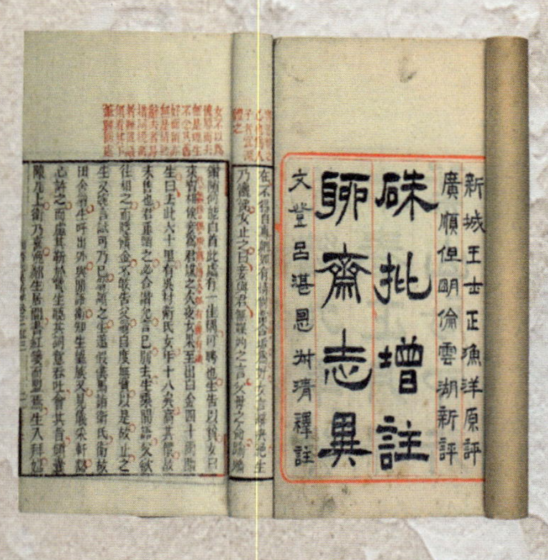

高尚的道德情操，如《镜听》。最后，还有其他一些含意深刻的篇章，有的颂扬女子超人的才智，如《颜氏》；有的描写儿童的胆量和智谋，如《贾儿》；有的描写民间艺人高超的技艺，如《口技》；有的故事则有寓言意味，如《狼三则》。

《聊斋志异》在暴露统治阶级贪暴不仁的同时，还

xiě chū le bèi yā pò rén mín de fǎn kàng dòu
写出了被压迫人民的反抗斗
zhēng zuò zhě duì tā men de jìng yù biǎo shì
争，作者对他们的境遇表示
chū shēn qiè de tóng qíng sù zào le yì xiē
出深切的同情，塑造了一些
jù yǒu fǎn kàng jīng shén de rén wù xíng xiàng
具有反抗精神的人物形象，
zài jī fā bèi yā pò zhě de dòu zhēng yì shí fāng
在激发被压迫者的斗争意识方
miàn yǒu yí dìng de jī jí zuò yòng
面有一定的积极作用。

《狼》被选入初中人教版语文教材。

《聊斋志异》邮票。

著书趣闻

写《聊斋志异》时，蒲松龄专门在家门口开了一家茶馆，请喝茶的人给他讲故事，讲完便可不付茶钱。这样他就可以将听来的故事修改后写进书里。

儒林外史

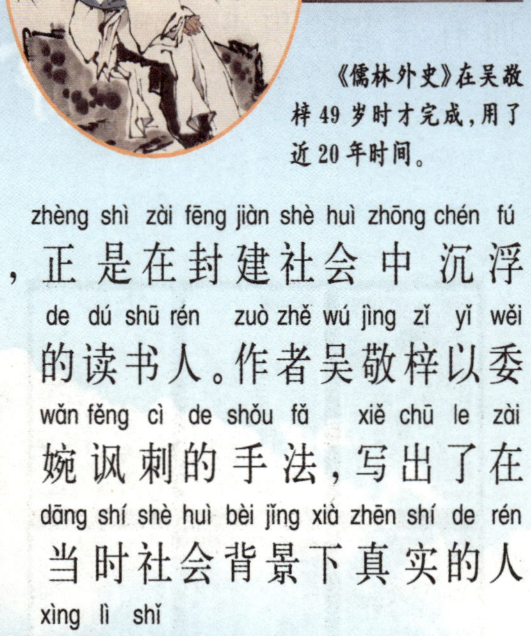

《儒林外史》在吴敬梓49岁时才完成，用了近20年时间。

rú lín wài shǐ shì yí bù jiē shì dāng shí kē jǔ zhì dù zhēn xiàng hé guān chǎng hēi àn shì tài yán liáng de fěng cì xiǎo shuō rú lín wài shǐ suǒ miáo xiě de rén wù zhèng shì zài fēng jiàn shè huì zhōng chén fú de dú shū rén zuò zhě wú jìng zǐ yǐ wěi wǎn fěng cì de shǒu fǎ xiě chū le zài dāng shí shè huì bèi jǐng xià zhēn shí de rén xìng lì shǐ

《儒林外史》是一部揭示当时科举制度真相和官场黑暗、世态炎凉的讽刺小说。《儒林外史》所描写的人物，正是在封建社会中沉浮的读书人。作者吴敬梓以委婉讽刺的手法，写出了在当时社会背景下真实的人性历史。

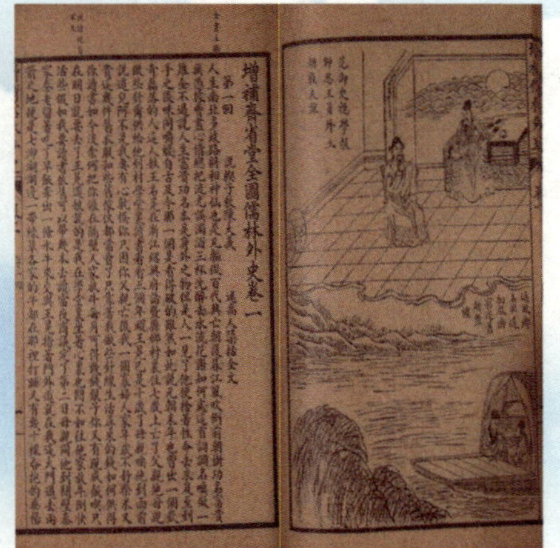

全书共五十六回，约四十万字，描写了近两百个人物。

rú lín wài shǐ zhōng de fàn jìn zhòng jǔ miáo xiě le fàn jìn wǔ shí

《儒林外史》中的“范进中举”描写了范进五十

duō suì réng rán qióng kùn liǎo dǎo bèi zhàng
多岁仍然穷困潦倒，被丈
ren kàn bu qǐ hòu lái hǎo bù róng yì
人看不起，后来好不容易
zhòng le jǔ rén zài fā bǎng de shí hou
中了举人，在发榜的时候
jìng rán gāo xìng de fēng le hòu bèi zhàng
竟然高兴地疯了，后被丈
ren de yí jì bā zhang dǎ huí le shén
人的一记巴掌打回了神。
tōng guò zhè ge gù shi kě yǐ kàn chū dāng
通过这个故事可以看出当

shí shè huì zhōng de dú shū rén shì duō me de kě bēi rú lín wài shǐ biǎo miàn
时社会中的读书人是多么的可悲。《儒林外史》表面
shang xiě míng cài shēng huó shí jì shang miáo huì le yì fú shì jì zhōng guó
上写明代生活，实际上描绘了一幅18世纪中国
shè huì de fēng sú huà
社会的风俗画。

yí bù rú lín wài shǐ xiě jìn le yí dài wén rén de
一部《儒林外史》写尽了一代文人的
xīn suān kǔ là yě xiě chū le tā
辛酸苦辣，也写出了他
men shēng huó de jiǒng pò hé wú
们生活的窘迫和无
nài zhǎn xiàn le dé yì yǔ shī yì
奈，展现了得意与失意
jiāo tì xià de rén shēng bǎi tài
交替下的人生百态。

影响深远

《儒林外史》对现代世界文学有着深远的影响。现在它已被译成英、法、德、俄、日等多种文字，成为一部世界性的文学名著，被称为世界上一部最不引经据典、最饶诗意的散文叙述体的典范。

红楼梦

ZOUJIN AOMI SHIJIE

王熙凤。

qīng dài xiàn shí zhǔ yì zuò jiā cáo xuě qín pī
清代现实主义作家曹雪芹“披
yuè shí zǎi zēng shān wǔ cì chuàng zuò le wěi dà
阅十载，增删五次”创作了伟大
de zhù zuò hóng lóu mèng hóng lóu mèng yuán
的著作《红楼梦》。《红楼梦》原
míng shí tou jì shì cáo xuě qín de wèi wán gǎo
名《石头记》，是曹雪芹的未完稿，
quán shū dà yuē yǒu bā shí huí
全书大约有八十回。

fǎn yìng de shè
反映的社
huì lì shǐ bèi jǐng shì qīng dài chū qī
会历史背景是清代初期
kāng xī yōng zhèng qián lóng sān dài
康熙、雍正、乾隆三代，
zhǔ yào shì shì jì de shàng bàn yè
主要是18世纪的上半叶。

hóng lóu mèng yǐ jiǎ shǐ
《红楼梦》以贾、史、
wáng xuē sì dà jiā zú wéi bèi jǐng yǐ
王、薛四大家族为背景，以

ài qíng gù shi wéi zhǔ yào xiàn suǒ zhuó zhòng miáo xiě zài
爱情故事为主要线索，着重描写在
jiǎ jiā róng níng èr fǔ yóu shèng zhuǎn shuāi de guò chéng
贾家荣、宁二府由盛转衰的过程
zhōng yǐ jiǎ bǎo yù hé yì qún hóng lóu nǚ zǐ wéi zhōng
中，以贾宝玉和一群红楼女子为中
xīn de xǔ duō rén wù zài fēng jiàn tǐ zhì hé fēng jiàn jiā
心的许多人物在封建体制和封建家
zú è zhì xià de bēi jù mìng yùn
族遏制下的悲剧命运。

nán zhǔ rén gōng jiǎ bǎo yù shēng zhǎng zài guì zú
男主人公贾宝玉生长在贵族
shì jiā jiā zú duì tā jì yǔ hòu wàng dàn shì tā bú ài dú shū zēng hèn fēng
世家，家族对他寄予厚望，但是他不爱读书，憎恨封
jiàn lǐ jiào sī xiǎng yàn wù shù fù tā de jiā tíng jiè lǜ hún shēn shàng xià chōng
建礼教思想，厌恶束缚他的家庭戒律，浑身上下充

mǎn pàn nì jīng shén yóu yú bǎo yù shēng huó zài
满叛逆精神。由于宝玉生活在
yì qún měi lì dān chún de nǚ xìng zhōng jiān
一群美丽、单纯的女性中间，
suǒ yǐ yì zhí duì shēng huó zài xià céng shè huì
所以一直对生活在下层社会
de nǚ xìng bǎo hán tóng qíng shào nǚ lín dài yù
的女性饱含同情。少女林黛玉
shì cáo xuě qín zhuó zhòng kè huà de nǚ xìng xíng
是曹雪芹着重刻画的女性形
xiàng zhè gè jì jū zài róng guó fǔ zhōng de ruò
象。这个寄居在荣国府中的弱
nǚ zǐ cái huá héng yì ér yòu duō chóu shàn
女子，才华横溢而又多愁善
gǎn tā yǔ jiǎ bǎo yù liǎng xiǎo wú cāi hòu lái chéng wéi shēng sǐ xiāng yī de
感。她与贾宝玉两小无猜，后来成为生死相依的

liàn rén dàn tā men de ài qíng zuì zhōng hái shi bèi
恋人，但他们的爱情最终还是被
fēng jiàn shì lì è shā le
封建势力扼杀了。

hóng lóu mèng yǐ yí gè guì zú jiā tíng
《红楼梦》以一个贵族家庭
wéi zhōng xīn zhǎn kāi
为中心展开
le yì fú guǎng kuò
了一幅广阔
de shè huì lì shǐ
的社会历史
tú huà shè huì de
图画，社会的
gè gè jiē céng shàng zì huáng fēi guó gōng xià zhì
各个阶层，上自皇妃国公，下至
fàn fū zǒu zú dōu de dào le shēng dòng de kè
贩夫走卒，都得到了生动的刻
huà zuò zhě duì guì zú jiā tíng yǐn shí qǐ jū gè fāng
画。作者对贵族家庭饮食起居各方
miàn shēng huó xì jié dōu jìn xíng le xì zhì de miáo
面生活细节都进行了细致的描
xiě yuán lín jiàn zhù jiā jù qì mǐn fú shì bǎi
写，园林建筑、家具器皿、服饰摆
shè chē jiào pái chǎng děng děng dōu jù yǒu hěn qiáng
设、车轿排场等等都具有很强
de zhēn shí xìng
的真实性。

《红楼梦》中黛玉葬花。

社会地位

《红楼梦》具有高度思想性和高度艺术性，它达到了我国古典小说的高峰，被誉为“我国封建社会的百科全书”。

各种版本

《红楼梦》有十几个版本，如今的通行本为程甲本，脂本是新发现的“古本”，而最受关注的是甲戌、己卯本、庚辰本。

老残游记

《老残游记》是晚清四大谴责小说之一，共二十回。刘鹗通过摇串铃的江湖医生老残在山东行医时的所见所闻，披露了当时官场的丑闻。

作品在揭露“清官”丑恶本质时，不蹈袭前人文风而尝试创新，这是它的最大特色。“历来小说皆揭赃官之恶，有揭清官之恶者，自《老残游记》始”（该书十六回原评）。作品塑造了

两个所谓“清官”的形象：玉贤和刚弼。玉贤上任未到一年，就用站笼刑罚站死了2 000多人；刚弼则滥施酷刑，在审讯贾家13条人命案时，对魏氏父女严刑逼供，酿成骇人听闻的冤案。

博学的刘鹗

刘鹗学识博杂，精于考古，在算学、医道、治河等方面都有成就，他涉猎众多领域，著述颇丰。

老残是作者肯定的正面人物，他关心国家与民族的命运，同情人民疾苦，明辨是非，侠胆义肠，是作者自己理想化的投影。

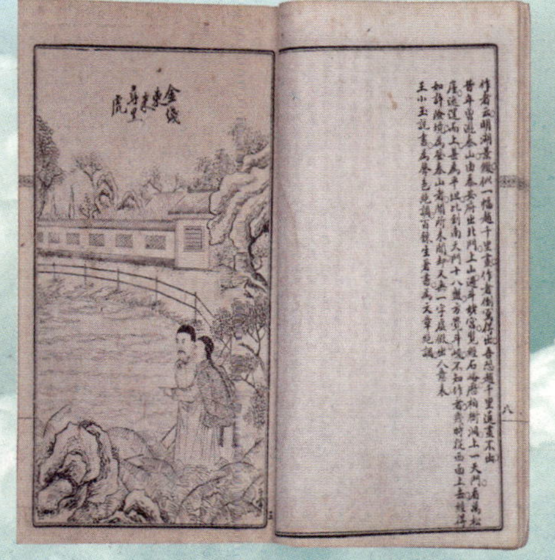

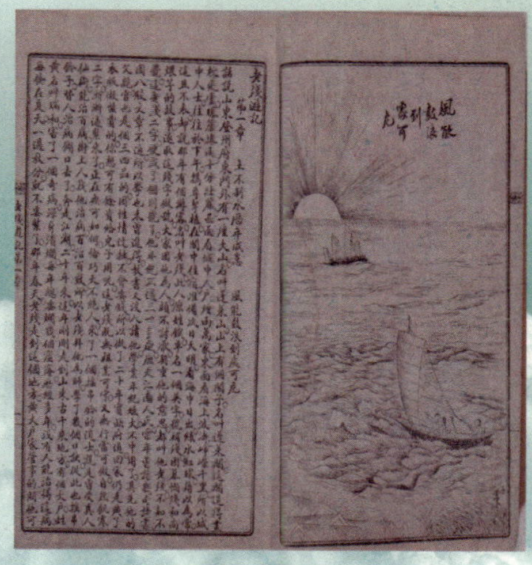

呐喊

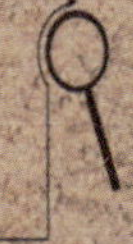

ZOUJIN AOMI SHIJIE

鲁迅蜡像。

鲁迅，原名周树人，字豫才，浙江绍兴人。他是中国现代著名的文学家、思想家和革命家。

1918年，鲁迅的第一篇白话小说《狂人日记》在《新青年》上发表。《狂人日

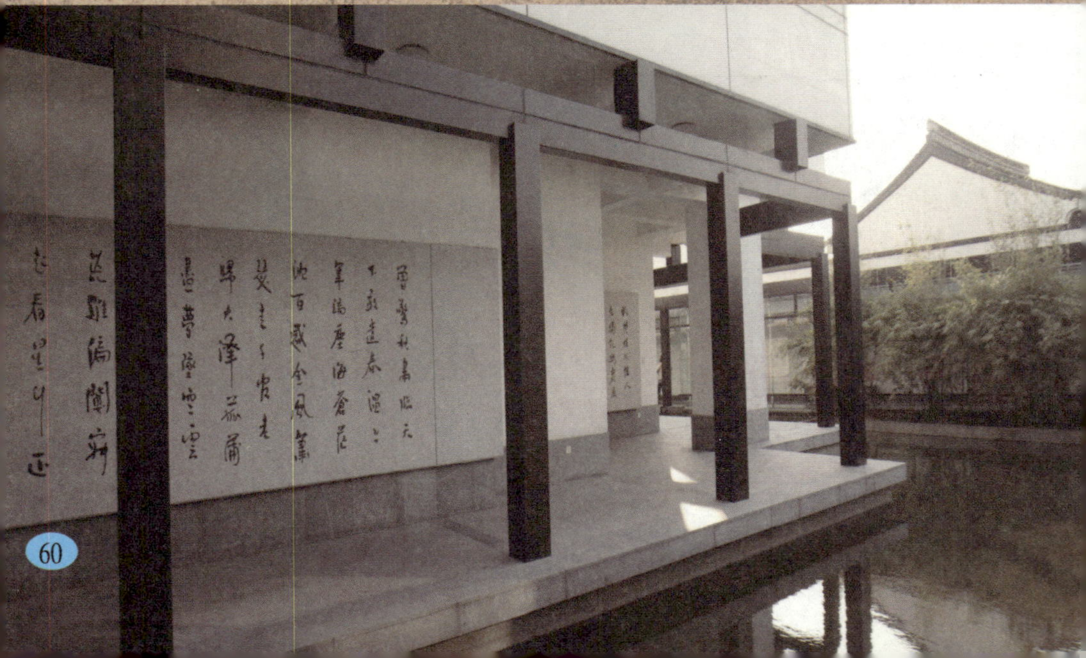

记》以彻底的不妥协的批判精神，借“狂人”的眼睛，揭露了“仁义道德”背后“吃人的礼教”，并对其进行了有力的控诉。而《孔乙己》、《白光》则是对封建等级制度“吃人”现象的描绘。1923年，鲁迅将1919~1922年所创作的15篇短篇小说合编为《呐喊》，它成为中国现代小说的奠基之作。

《孔乙己》。

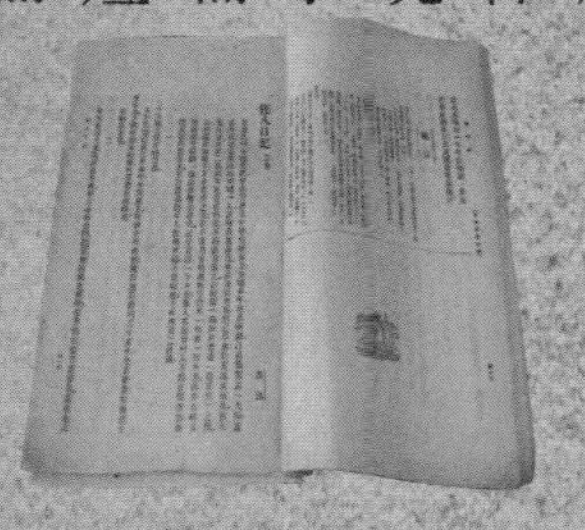

《呐喊》注重反映农民的痛苦生活，主要描绘的是辛亥革命前后到“五四”时期的中国社会现实，代表了当时的时代特征。

骆驼祥子

老舍照片。

lǎo shě yuán míng shū qìng chūn zì shě yǔ
老舍，原名舒庆春，字舍予，
mǎn zú rén shēng yú běi jīng zhù míng zuò jiā lǎo
满族人，生于北京，著名作家。老
shě bèi yù wéi rén mín yì shù jiā luò tuó xiáng
舍被誉为“人民艺术家”，《骆驼祥
zi shì tā de dài biǎo zuò
子》是他的代表作。

xiáng zi shì gè lǎo shí
祥子是个老实、
mù nè yìng lǎng de nián qīng hàn
木讷、硬朗的年轻汉
zi zài běi píng yǐ lā huáng
子，在北平以拉黄
bāo chē wéi shēng zū chē lǎo bǎn
包车为生。租车老板
liú sì yé yòu chǒu yòu xiōng de
刘四爷又丑又凶的
nǚ ér hǔ niū kàn shàng le chún
女儿虎妞看上了淳
pǔ lǎo shí de xiáng zi biàn
朴老实的祥子，便

用计嫁给了祥子。而祥子与一个叫做小福子的邻居女孩子很投缘，小福子靠做妓女赚钱养活她的酒鬼父亲和两个弟弟。后来，虎妞难产死了，小福子也上吊自杀了，祥子开始抽烟喝酒糟蹋自己的身体，精神也因此完全垮了。

老舍纪念馆。

《骆驼祥子》的悲剧结局主要反映了老舍在认识了旧社会黑暗势力的强大和个人奋斗的无能为力以后，未找到自我解放的道路所产生的彷徨与苦闷的心情。

语言特色

《骆驼祥子》大量使用北京口语、方言，读来亲切自然、朗朗上口，是现代白话文小说的经典作品。

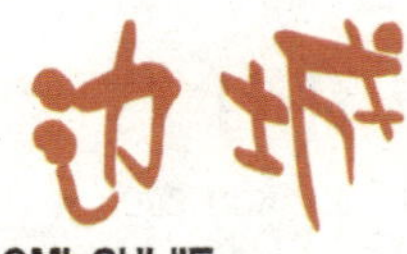

ZOUJIN AOMI SHIJIE

zhù míng zuò jiā shěn cóng wén de biān chéng jiǎng shù de shì nuó sòng hé
著名作家沈从文的《边城》讲述的是傩送和
tiān bǎo xiōng dì liǎ tóng shí xǐ huan měi lì cōng míng de miáo jiā gū niang cuì
天保兄弟俩同时喜欢美丽、聪明的苗家姑娘翠
cui dàn cuì cui zhōng qíng yú nuó sòng kě shì tiān bǎo què xiān qǐng le méi rén tí
翠，但翠翠钟情于傩送，可是天保却先请了媒人提
qīn yú shì xiōng dì liǎ yuē dìng chàng gē jué dòu shèng lì de rén qǔ cuì
亲。于是，兄弟俩约定唱歌“决斗”，胜利的人娶翠
cui zhī hòu tiān bǎo méi chàng guò dì di tā zài wài chū de shí hou yì wài yān
翠。之后，天保没唱过弟弟，他在外出的时候意外淹

sǐ lǎo chuán fū yě sǐ qù le yīn wèi
死，老船夫也死去了，因为
tiān bǎo de sǐ nuó sòng yí gè rén yuǎn zǒu
天保的死，傩送一个人远走
tā xiāng zhǐ liú xià cuì cui dú zì shǒu zài
他乡，只留下翠翠独自守在
dù kǒu děng dài nuó sòng de guī lái
渡口，等待傩送的归来。

青年沈从文。

shěn cóng wén chuàng zuò biān chéng shí zhèng zhí guó mín dǎng tǒng zhì shí
沈从文创作《边城》时正值国民党统治时
qī yóu yú duì shè huì zhèng zhì de shū lí duì dū shì rén shēng de yàn juàn hé
期。由于对社会政治的疏离，对都市人生的厌倦和
duì xiàn shí rén shēng de kùn huò shěn cóng wén bǎ duì mín zú chū lù de tàn suǒ
对现实人生的困惑，沈从文把对民族出路的探索
hé biàn gé xiàn shí de xī wàng jì tuō zài wán měi rén shēng xíng shì de zài chuàng
和变革现实的希望寄托在完美人生形式的再创
zào shang yú shì tā chuàng zuò le zhè bù zuì
造上，于是，他创作了这部最
néng biǎo xiàn rén xìng měi de biān chéng
能表现人性美的《边城》。

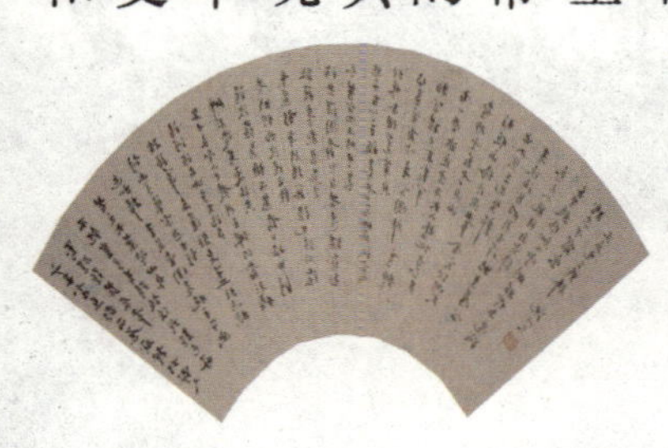

jiā shì zhù míng zuò jiā bā jīn de
《家》是著名作家巴金的
jī liú sān bù qǔ de dì yī bù tā
“激流三部曲”的第一部，它
jiǎng shù de shì yí gè kuì bài de fēng jiàn dà
讲述的是一个溃败的封建大
jiā tíng de bēi huān lí hé
家庭的悲欢离合。

jiā zhǔ yào jiǎng shù le fēng jiàn dà jiā tíng gāo jiā yì jiā yóu gōu xīn dòu
《家》主要讲述了封建大家庭高家一家由勾心斗
jiǎo dào lí sàn pò bài de guò chéng zuò pǐn tōng guò jué xīn hé méi biǎo mèi ruì
角到离散破败的过程。作品通过觉新和梅表妹、瑞

jué　jué huì hé míng fèng　jué mín hé qín sān duì
珏，觉慧和鸣凤、觉民和琴三对
qīng nián de ài qíng bēi jù gù shi　yǐ jí tā
青年的爱情悲剧故事，以及他
men hòu lái gè zì xuǎn zé de bù tóng de shēng
们后来各自选择的不同的生
huó dào lù　jiē lù le fēng jiàn lǐ jiào de fǔ xiǔ
活道路，揭露了封建礼教的腐朽
hé bài luò　yǐ jí qīng nián yí dài de jué xǐng
和败落，以及青年一代的觉醒
hé duì jiù lǐ jiào de fǎn kàng jīng shén　yǐ jí
和对旧礼教的反抗精神，以及
duì xīn shēng huó de zhuī qiú
对新生活的追求。

bā jīn shuō　tā xiě　jiā　de mù dì
巴金说，他写《家》的目的，
jiù shì yào　xuān gào yí gè bù hé lǐ zhì dù de
就是要“宣告一个不合理制度的
sǐ xíng　tā yǐ rè qiè de gǎn qíng zhǎn xiàn chū
死刑”。他以热切的感情展现出
shēng huó zhōng de　jī liú　zài pò bài de jiā
生活中的“激流”在破败的家
tíng zhōng chéng zhǎng qi lái　cóng ér shǐ rén men
庭中成长起来，从而使人们
kàn dào le xī wàng　kàn dào le jué qǐ zhě de
看到了希望，看到了崛起者的
yǒng qì yǔ pò lì
勇气与魄力。

巴金书法。

巴金。

雷雨

曹禺。

cáo yú de léi yǔ yǐ nián de
曹禺的《雷雨》以1924年的
zhōng guó shè huì wéi bèi jǐng tā tōng guò liǎng gè yǒu
中国社会为背景，它通过两个有
xuè yuán guān jì de jiā tíng zhōng fā shēng de cuò
血缘关系的家庭中发生的错
zōng fù zá de shì jiàn shēn kè de jiē lù le hēi
综复杂的事件，深刻地揭露了黑
àn de shè huì xiàn shí
暗的社会现实。

zài léi yǔ zhōng shì píng hé zhōu jiā
在《雷雨》中，侍萍和周家
shào yé zhōu pǔ yuán shēng xià le liǎng gè ér zi
少爷周朴园生下了两个儿子，
dà ér zi bèi liú zài zhōu jiā xiǎo ér zi zé suí zhe
大儿子被留在周家，小儿子则随着
shì píng jià gěi le píng mín lǔ guì zhī hòu tā yòu hé
侍萍嫁给了平民鲁贵，之后她又和
lǔ guì shēng xià le nǚ ér sì fèng
鲁贵生下了女儿四凤。

nián hòu zhōu lǔ liǎng jiā suǒ
30年后，周鲁两家所

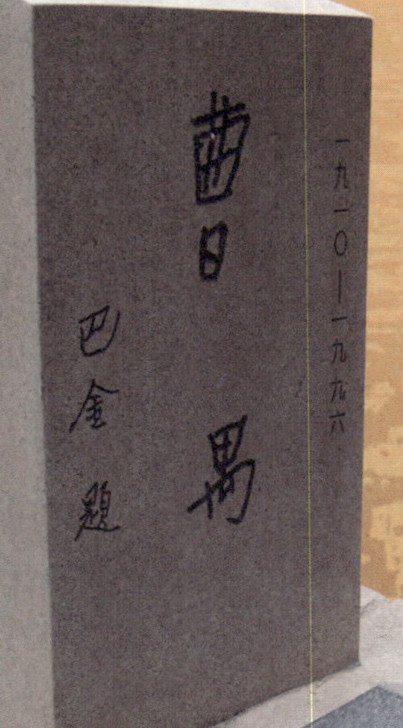

yǒu de rén zài zhōu gōng guǎn bù qī
有的人在周公馆不期
ér yù shàng yǎn le yì chǎng jù dà
而遇，上演了一场巨大
de bēi jù zhōu pǔ yuán de qī zi
的悲剧。周朴园的妻子
fán yī xǐ huān zì jǐ de jì zǐ
蘩漪喜欢自己的继子，
yě jiù shì shì píng de dà ér zi zhōu
也就是侍萍的大儿子周
píng ér zhōu píng hé fán yī de ér
萍，而周萍和蘩漪的儿
zi zhōu chōng tóng shí xǐ huān sì fèng sì fèng hé zhōu píng zé hù xiāng xǐ huān
子周冲同时喜欢四凤，四凤和周萍则互相喜欢。
zuì hòu sì fèng zhī dào zì jǐ hé gē gē zhōu píng xiāng ài shòu bu liǎo cì jī
最后，四凤知道自己和哥哥周萍相爱，受不了刺激
pǎo chū qù chù diàn zì shā zhōu chōng qù lā tā shí yě bèi diàn sǐ zhōu píng yě
跑出去触电自杀，周冲去拉她时也被电死，周萍也
kāi qiāng zì shā le
开枪自杀了。

曹禺与《雷雨》

1933年的曹禺只有二十二岁，在大学即将毕业前夕，他创作了四幕话剧《雷雨》，并于次年公开发表，很快引起强烈反响，震动了文坛，它不仅是曹禺的处女作，也是他的成名作和代表作。

围城

钱钟书。

xiàn dài zhù míng zuò jiā qián zhōng shū de
现代著名作家钱钟书的《
wéi chéng jiǎng shù de shì fù qin shì qián qīng jǔ
围城》讲述的是父亲是前清举
rén de fāng hóng jiàn dài zhe jiǎ wén píng cóng ōu zhōu
人的方鸿渐带着假文凭从欧洲
liú xué huí guó hòu méi yǒu shén me jiàn shù ér
留学回国后，没有什么建树，而
shì yì zhí zhōu xuán zài bào xiǎo jiě sū wén wán táng xiǎo fú sūn róu jiā zhī
是一直周旋在鲍小姐、苏文纨、唐晓芙、孙柔嘉之
jiān zuì zhōng sū wén wán jià gěi
间。最终，苏文纨嫁给
le yì zhí zhuī qiú zì jǐ de cáo
了一直追求自己的曹
yuán lǎng fāng hóng jiàn méi néng gòu
元朗。方鸿渐没能够
huò dé táng xiǎo fú de fāng xīn
获得唐晓芙的芳心，
yǔ sūn róu jiā jié le hūn hūn hòu
与孙柔嘉结了婚，婚后
zhēng chǎo bú duàn bù jiǔ hūn yīn
争吵不断，不久婚姻

钱钟书故居，又称“钱绳武堂”，位于无锡城中七尺场（今崇安区新街巷30号、32号）。钱钟书（1910-1998），我国著名学者、文学家，原中国社会科学院副院长、研究员。主要著作有《围城》、《管锥篇》等。故居系其祖父筹建于1923年，其叔父续建于1925年。原有平房二十八间，二层楼房四间，大小天井庭院十一个，备弄两条，古井三口。东有厨房，后有花园。其中主体建筑“绳武堂”面阔七间。整组建筑属典型的江南庭院式民居，并具有重要的纪念价值。

pò liè de gù sh
破裂的故事。

wéi chéng xiě yú
《围城》写于1944～1946
nián jiān yì jīng fā biǎo biàn bèi yù wéi shì yí
年间，一经发表便被誉为是一
bù xīn bǎn rú lín wài shǐ zhè shì yí bù
部新版《儒林外史》。这是一部
yǐ jiù zhōng guó shàng céng zhī shí fèn zǐ bìng tài jī xíng shēng huó wéi miáo xiě duì
以旧中国上层知识分子病态畸形生活为描写对
xiàng de yōu mò ér xīn là de fěng cì xiǎo shuō zuò pǐn tōng guò duì zhǔ rén gōng
象的幽默而辛辣的讽刺小说。作品通过对主人公
fāng hóng jiàn de miáo xiě shēn rù de fǎn yìng chū kàng zhàn fēng huǒ rán biàn shén
方鸿渐的描写，深入地反映出抗战烽火燃遍神
zhōu dà dì zhōng guó rén mín fèn qǐ yù xuè kàng zhàn de qíng xíng
州大地，中国人民奋起浴血抗战的情形。

钱钟书位于无锡的故乡。

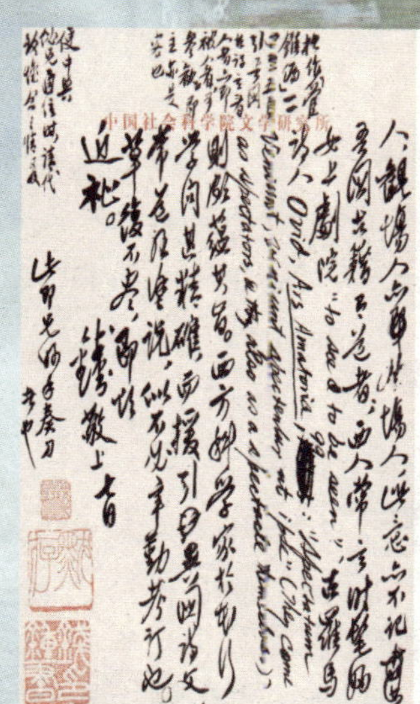

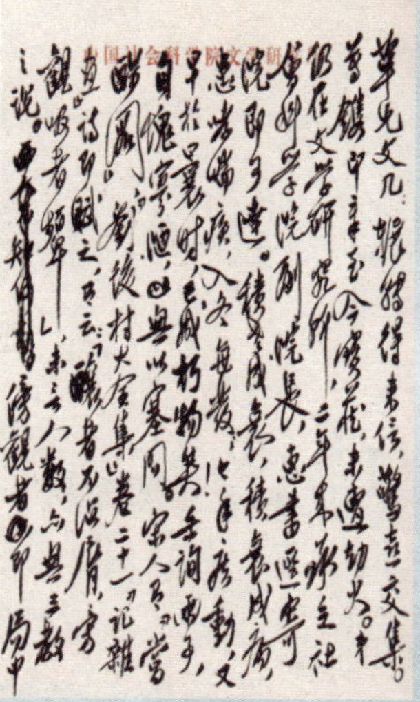

呼兰河传

ZOUJIN AOMI SHIJIE

xiāo hóng yuán míng zhāng nǎi yíng
萧红，原名张乃莹，
hēi lóng jiāng hū lán rén xiàn dài zhù míng
黑龙江呼兰人，现代著名
zuò jiā xiāo hóng yǔ lǔ xùn de xiāng
作家。萧红与鲁迅的相
shí duì tā de wén xué shēng yá chǎn
识，对她的文学生涯产

萧红雕像。

shēng le hěn dà yǐng xiǎng
生了很大影响。1936
nián xiāo hóng zhī shēn dōng dù rì
年，萧红只身东渡日
běn rán hòu qù xiāng gǎng hū lán
本，然后去香港。《呼兰
hé zhuàn shì xiāo hóng zài xiāng gǎng
河传》是萧红在香港
zhé jū shí suǒ xiě
蛰居时所写。

hū lán hé zhuàn de xíng shì fēi cháng dú tè shū zhōng yǒu rén wù
《呼兰河传》的形式非常独特，书中有人物，
dàn què méi yǒu zhǔ jué suī rán yǐ xù shì wéi zhǔ dàn shì què méi yǒu zhǔ xiàn
但却没有主角；虽然以叙事为主，但是却没有主线；
quán shū de qī zhāng suī rán shì gè zì dú lì de dàn què yòu hún rán yì tǐ
全书的七章虽然是各自独立的，但却又浑然一体。

hū lán hé chuán yǐ dì yī rén chēng
《呼兰河传》以第一人称
xù shù wǒ hé zǔ fù zhù zài bú tài fán huá de
叙述。我和祖父住在不太繁华的
hū lán hé xiǎo chéng tā shí fēn téng ài
呼兰河小城，他十分疼爱
wǒ wǒ cháng cháng zài hòu huā yuán wán
我。我常常在后花园玩
shuǎ lǎo hú jiā de tóng yǎng xí shì wǒ de
耍。老胡家的童养媳是我的
péng you tā cái suì dàn zuì zhōng bèi hú
朋友，她才12岁，但最终被胡

著名女作家
萧红

jiā rén zhé mó sǐ wǒ de èr bó yì zhí yǐ lái xìng
家人折磨死；我的二伯一直以来性
qíng gǔ guài nán yǐ zhuó mó dàn yě shì wǒ de wán
情古怪难以琢磨，但也是我的玩
bàn zhù zài mò fáng de féng wāi zuǐ zi qǔ le wáng
伴；住在磨房的冯歪嘴子娶了王
dà gū niang tā men shēng le hái zi dàn tā men
大姑娘，他们生了孩子，但他们
de xìng fú shēng huó shòu dào le bié rén de dù jì
的幸福生活受到了别人的妒忌，
hòu lái wáng dà gū niang shēng wán dì èr gè hái zi hòu sǐ le féng wāi zuǐ zi
后来王大姑娘生完第二个孩子后死了，冯歪嘴子
jiāng quán bù xī wàng jì tuō zài liǎng gè ér zi shēn shang
将全部希望寄托在两个儿子身上。

xiāo hóng tōng guò hū lán hé zhuàn zhuī yì le jiā xiāng de rén men hé
萧红通过《呼兰河传》追忆了家乡的人们和
shēng huó wèi wǒ men yíng zào le yì fú chōng mǎn yì jìng de xiāng cūn shēng huó
生活，为我们营造了一幅充满意境的乡村生活
huà juàn
画卷。

《呼兰河传》的创作背景

创作此部小说时，正是抗日战争最艰苦的阶段，这使远在香港的萧红更加怀念自己的故乡和童年，于是，萧红以自己的家乡与童年生活为原型，以娴熟的回忆技巧、抒情诗的散文风格、浑重而又轻盈的文笔，造就了她“回忆式”的巅峰之作。

CHAPTER 2 第二章

外国文学卷

外国文学是指除中国文学以外的世界各国文学。外国文学向来源远流长，一直以其绚丽的姿态和厚重的历史底蕴呈现在读者面前。

荷马史诗

hé mǎ shǐ shī hé qí zuò zhě hé mǎ běn rén yí yàng mí wù chóng chóng jù
《荷马史诗》和其作者荷马本人一样谜雾重重。据
shuō hé mǎ shì gǔ xī là gōng yuán qián qián shì jì de yí wèi máng shī
说，荷马是古希腊公元前9～前8世纪的一位盲诗
rén tā zài mín jiān kǒu tóu chuán shuō de jī chǔ shang chuàng zuò le hé mǎ shǐ
人，他在民间口头传说的基础上创作了《荷马史
shī
诗》。

hé mǎ shǐ shī zhèng shì chéng shū yú gōng
《荷马史诗》正式成书于公
yuán qián shì jì tā bāo kuò liǎng
元前6世纪。它包括两
bù fen fēn bié wéi yī lì yà
部分，分别为《伊利亚
tè yòu yì yī lì áng
特》（又译《伊利昂
jì hé ào dé sài yòu
纪》）和《奥德赛》（又
yì ào dé xiū jì shǐ shī
译《奥德修纪》）。史诗
de nèi róng lái yuán yú gōng yuán qián shì jì
的内容来源于公元前12世纪

mò xī là bàn dǎo nán bù dì qū de ā kǎi
末希腊半岛南部地区的阿凯
yà rén hé xiǎo yà xì yà běi bù de tè
亚人和小亚细亚北部的特
luò yī rén zhī jiān fā shēng de yì chǎng
洛伊人之间发生的一场
chí xù nián de zhàn zhēng dà yuē zài
持续10年的战争。大约在
gōng yuán qián qián shì jì shī rén
公元前8~前7世纪，诗人
hé mǎ zài duǎn gē de jī chǔ shang yòu
荷马在短歌的基础上，又
jìn xíng le jiā gōng zhěng lǐ jiāng qí
进行了加工整理，将其
chuàng zuò chéng yǎn chàng jiǎo běn yú gōng yuán qián shì jì zhèng shì xiě chéng
创作成演唱脚本，于公元前6世纪正式写成
wén zì gōng yuán qián qián shì jì yà lì shān dà chéng de xué zhě duì wén
文字。公元前3~前2世纪，亚历山大城的学者对文

zì jìn xíng biān jí shěn dìng zhè biàn shì rén
字进行编辑审订，这便是人
men jīn tiān jiàn dào de hé mǎ shǐ shī
们今天见到的《荷马史诗》。

yī lì yà tè zhǔ yào jiǎng shù de
《伊利亚特》主要讲述的
shì yīn wèi tè luò yī wáng zǐ pà lǐ sī guǎi
是因为特洛伊王子帕里斯拐
zǒu le sī bā dá de huáng hòu měi nǚ
走了斯巴达的皇后——美女
hǎi lún cóng ér xī là rén wéi gōng tè luò
海伦，从而希腊人围攻特洛
yī chéng de gù shi dāng shí xī là rén
伊城的故事，当时希腊人
chēng tè luò yī wéi yī lì áng ào dé sài
称特洛伊为“伊利昂”。《奥德赛》
zé jiǎng shù xī là yīng xióng ào dé xiū sī lì yòng
则讲述希腊英雄奥德修斯利用
mù mǎ jì pò le tè luò yī
木马计破了特洛伊
chéng jīng guò nián de hǎi
城，经过10年的海
shàng piāo bó huí guó de gù shi
上漂泊回国的故事。

hé mǎ shǐ shī shì ōu
《荷马史诗》是欧
zhōu wén xué zuì zǎo de hé zuì
洲文学最早的和最

zhòng yào de zuò pǐn tā wèi hòu shì shī rén tí
重要的作品，它为后世诗人提
gòng le fēng fù de sù cái yǔ líng gǎn cù chéng
供了丰富的素材与灵感，促成
le wú shù jù zhù de dàn shēng wú lùn cóng yì
了无数巨著的诞生。无论从艺
shù jì qiǎo shang hái shi zài lì shǐ dì lǐ
术技巧上还是在历史、地理、
kǎo gǔ xué hé mín sú xué děng fāng miàn dōu yǒu
考古学和民俗学等方面都有
xǔ duō zhí dé tàn tǎo de dōng xi
许多值得探讨的东西。

《荷马史诗》的价值?

《荷马史诗》开创了西方文学的先河，荷马以诗歌般的记叙手法所展现的战争和生活场景至今仍为人所津津乐道。《荷马史诗》是那一时期唯一的文字史料，因此也成为了研究古希腊风土人情的宝贵资料。

天方夜谭

ZOUJIN AOMI SHIJIE

xiāng chuán gǔ dài sà sāng guó de guó
相传，古代萨桑国的国
wáng hěn cán bào tā yì tiān qǔ yí gè nǚ
王很残暴，他一天娶一个女
zǐ dì èr tiān biàn jiāng qí chǔ sǐ zǎi xiàng
子，第二天便将其处死。宰相
de nǚ ér shān lǔ zuǒ dé zì yuàn jià gěi guó
的女儿山鲁佐德自愿嫁给国
wáng zài xīn hūn wǎn shang shān lǔ zuǒ dé
王。在新婚晚上，山鲁佐德
gěi guó wáng jiǎng le yí gè fēi cháng yǒu qù de
给国王讲了一个非常有趣的
gù shi dàn shì dāng jiǎng dào zuì jīng cǎi de dì
故事，但是当讲到最精彩的地
fang shí tiān liàng le guó wáng wèi le néng gòu
方时天亮了。国王为了能够

tīng dào gù shi de jié wěi méi yǒu shā tā
听到故事的结尾，没有杀她，
ér shì yǔn xǔ tā dì èr tiān wǎn shang jì xù
而是允许她第二天晚上继续
jiǎng jiù zhè yàng yì zhí jiǎng le yì qiān
讲。就这样，一直讲了一千
líng yī gè yè wǎn zuì hòu guó wáng bèi shān
零一个夜晚。最后，国王被山
lǔ zuǒ dé gǎn dòng gǎi diào le bào nüè de
鲁佐德感动，改掉了暴虐的
xìng gé yǔ shān lǔ zuǒ dé bái tóu xié lǎo
性格，与山鲁佐德白头偕老。
zhè jiù shì yì qiān líng yī yè de yóu lái
这就是《一千零一夜》的由来。

tiān fāng yè tán yòu míng yì qiān líng yī yè shì gǔ dài ā lā bó
《天方夜谭》又名《一千零一夜》，是古代阿拉伯
mín jiān gù shi jí tiān fāng yè tán yuē zài gōng yuán
民间故事集。《天方夜谭》约在公元
gōng yuán shì jì zhī jiāo jiù chū xiàn le zǎo qī de
8～公元9世纪之交就出现了早期的
shǒu chāo běn dào le shì jì āi jí rén zuì xiān shǐ
手抄本，到了12世纪，埃及人最先使
yòng yì qiān líng yī yè zhè ge shū míng dàn zhí
用《一千零一夜》这个书名，但直
dào shì jì mò shì jì chū cái jī běn
到15世纪末16世纪初才基本
dìng xíng gāi shū de chuàng zuò bù jǐn bāo
定型。该书的创作不仅包

含了阿拉伯地区广大市井艺人和文人学士的作品，而且还融合了波斯等民族智慧的结晶，其涉及面很广，且具有深远的影响。

“讲不完”的故事

《一千零一夜》中共有两百多个故事，这些童话故事为全世界的孩子构筑了一座座玻璃房子和水晶宫殿，以孩童的纯真，对真、善、美发出最真切的召唤，滋润着一代又一代人的童年，感动着千万人的心。

《一千零一夜》在我国被称为《天方夜谭》。我国古代称阿拉伯地区为“天方”，而全书的故事又都

shì zài yè wǎn jiǎng shù de suǒ yǐ bèi chēng wéi
是在夜晚讲述的，所以被称为
yè tán tán tā de gù shi dà zhì kě fēn
“夜谭（谈）”。它的故事大致可分
wéi sān lèi yī mào xiǎn gù shì èr ài qíng
为三类：一、冒险故事；二、爱情
gù shì sān yù yán
故事；三、寓言。

tiān fāng yè tán shì shì jiè
《天方夜谭》是世界
shàng yōng yǒu zuì duō dú zhě hé yǐng xiǎng
上拥有最多读者和影响
lì zuì dà de zuò pǐn zhī yī tā yǐ mín
力最大的作品之一，它以民
jiān wén xué de shēn fèn què néng jī shēn
间文学的身份却能跻身
yú shì jiè míng zhù zhī liè chōng fèn de
于世界名著之列，充分地
shuō míng le tā de wén xué jià zhí
说明了它的文学价值。

《天方夜谭》。

神曲

ZOUJIN AOMI SHIJIE

yì dà lì zhù míng shī rén dàn dīng de shén
意大利著名诗人但丁的《神
qǔ fēn dì yù liàn yù tiān táng sān bù fen
曲》分《地狱》、《炼狱》、《天堂》三部分。

shī zhōng xù shù le dàn dīng zài rén shēng lǚ chéng de zhōng tú jí
诗中叙述了但丁在“人生旅程的中途”，即
nián yuè rì zài dàn dīng suì nà nián de fù huó jié shí ǒu rán
1300年4月7日，在但丁35岁那年的复活节时，偶然
mí shī yú yí gè hēi àn de sēn lín zài sēn lín zhōng tā yù dào le sān zhī
迷失于一个黑暗的森林。在森林中，他遇到了三只
měng shòu fēn bié xiàng zhēng zhe yín yù qiáng bào tān lán de bào shī
猛兽（分别象征着淫欲、强暴、贪婪的豹、狮、
láng zhè shí gǔ luó mǎ shī rén wéi jí ěr chū xiàn jiù le
狼），这时，古罗马诗人维吉尔出现救了
tā dàn dīng zài tā de dài lǐng xià yóu
他。但丁在他的带领下游

lì le dì yù hé liàn yù bìng jiàn dào le shèng nǚ bèi yà tè lì sī hòu lái
历了地狱和炼狱，并见到了圣女贝娅特丽丝。后来，
bèi yà tè lì sī yǐn dǎo dàn dīng yóu lì tiān táng jiǔ chóng tiān hái jiàn dào le
贝娅特丽丝引导但丁游历天堂九重天，还见到了
shàng dì zuì hòu huàn xiàng xiāo shī shén qǔ yě zài cǐ tóng shí xuān gào
上帝，最后，幻象消失，《神曲》也在此同时宣告
jié shù
结束。

shén qǔ shì dàn dīng duì dí rén duì jiǎ è chǒu děng è xíng de zǔ
《神曲》是但丁对敌人、对假、恶、丑等恶行的诅
zhòu yě shì duì zhēn shàn
咒，也是对真善
měi qián chéng cí ài
美、虔诚、慈爱
děng dé xíng de lǐ zàn
等德行的礼赞。

但丁与《神曲》

但丁是意大利第一位民族诗人，他摆脱了中世纪文学传统的羁绊，用新的艺术形式表现了新时代的思想内容。

《神曲》采用中世纪文学的幻游形式，假想自己对冥府——死人的王国进行了一次游历。

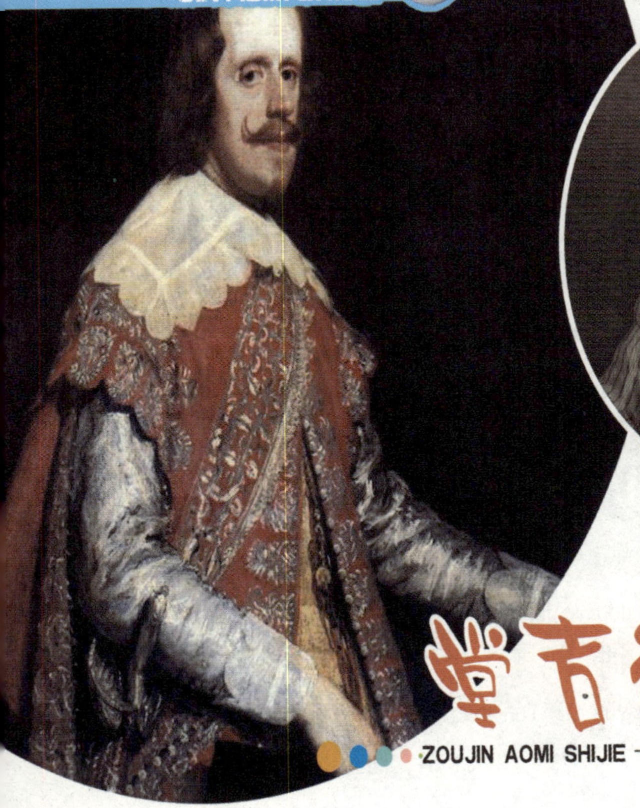

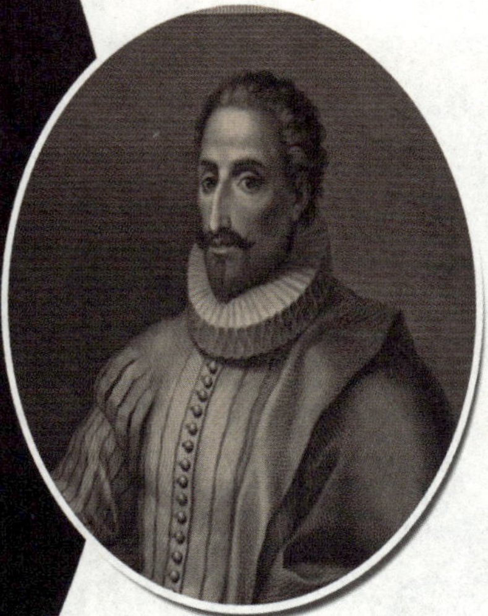

堂吉诃德

ZOUJIN AOMI SHIJIE

xī bān yá wěi dà de zuò jiā xì jù jiā
西班牙伟大的作家、戏剧家
hé shī rén sài wàn tí sī zài nián chuàng zuò
和诗人塞万提斯在1577年创作
le cháng piān xiǎo shuō táng jí hē dé
了长篇小说《堂吉诃德》。

zhè bù xiǎo shuō jiǎng shù de shì yí wèi míng
这部小说讲述的是一位名
jiào jí hā dá de pò luò xiāng shēn shòu qí shì xiǎo
叫吉哈达的破落乡绅受骑士小
shuō de dú hài pīn còu le yí fù jiù kūi jiǎ
说的毒害，拼凑了一副旧盔甲，

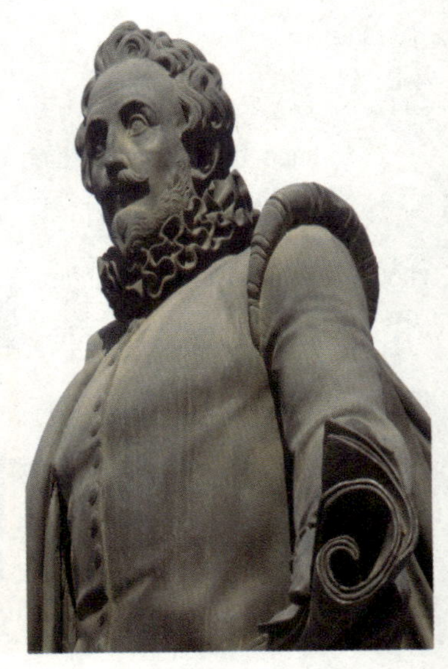

qí shàng yì pǐ shòu mǎ bìng wèi zì jǐ qǔ
骑上一匹瘦马，并为自己取
míng wéi táng jí hē dé qí shì hé zì jǐ de
名为堂吉诃德骑士，和自己的
lín jū sāng qiū yì qǐ chū mén yóu lì de gù
邻居桑丘一起出门游历的故
shi zhè qī jiān tā jīng lì le hěn duō de
事。这期间，他经历了很多的
tiǎo zhàn hé mào xiǎn zuì hòu táng jí hē dé
挑战和冒险，最后，堂吉诃德
huí dào jiā zhōng què wò chuáng bù qǐ lín
回到家中却卧床不起，临
zhōng qián tā zhōng yú cóng zì jǐ gǔ guài de
终前他终于从自己古怪的
huàn xiǎng zhōng zǒu le chū lái tòng chì qí shì
幻想中走了出来，痛斥骑士
xiǎo shuō de wēi hài
小说的危害。

zhè bù xiǎo shuō shēn kè de jiē lù le
这部小说深刻地揭露了
shì jì mò dào shì jì chū zhèng zài zǒu
16世纪末到17世纪初正在走
xiàng shuāi luò de xī bān yá wáng guó de gè
向衰落的西班牙王国的各
zhǒng máo dùn qiǎn zé le guì zú jiē jí de
种矛盾，谴责了贵族阶级的
huāng yín fǔ xiǔ
荒淫腐朽。

堂吉诃德被称为“永远前进的形象”。

堂吉诃德手持生锈长矛，戴着破洞头盔。

莎士比亚全集

ZOUJIN AOMI SHIJIE

shā shì bǐ yà nián shì shì jì
莎士比亚（1564～1616年）是16世纪
hòu bàn yè dào shì jì chū yīng guó zuì zhù míng de zuò jiā
后半叶到17世纪初英国最著名的作家，
yě shì ōu zhōu wén yì fù xīng shí qī rén wén zhǔ yì wén xué de
也是欧洲文艺复兴时期人文主义文学的
jí dà chéng zhě xiàn cún jù běn bù shí sì háng shī
集大成者。现存剧本38部、十四行诗154
shǒu cháng shī liǎng shǒu
首、长诗两首。

shā shì bǐ yà shì ōu zhōu wén yì fù
莎士比亚是欧洲文艺复
xīng shí qī wén xué shǐ shang
兴时期文学史上
shǒu qū yì zhǐ de dài biǎo tā chuàng zào
首屈一指的代表，他创造
de xì jù rén wù fēng fù duō biàn gè
的戏剧人物丰富多变，各
yǒu fēng cǎi jù qíng shēng dòng kòu
有风采；剧情生动，扣
rén xīn xián yǐn rén rù shèng shā shì
人心弦，引人入胜。莎士

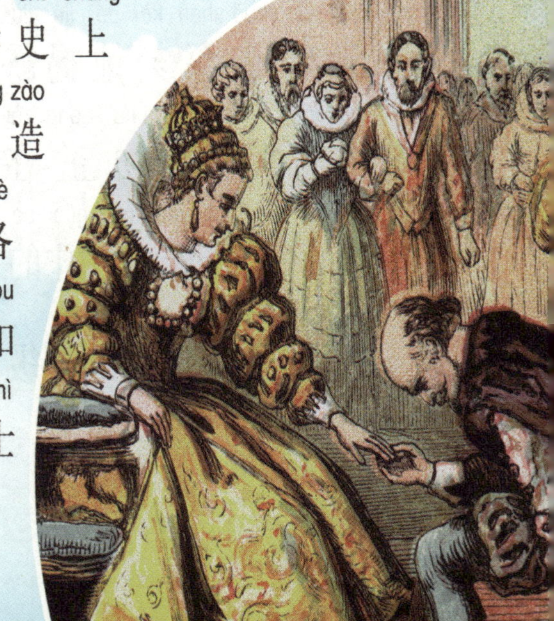

莎士比亚的悲剧作品——《奥赛罗》。

bǐ yà hái shì yì míng chū sè de yǔ yán
比亚还是一名出色的语言
dà shī qí zuò pǐn de yǔ yán jì yǒu
大师，其作品的语言既有
kǒu yǔ de huó pō yòu yǒu sǎn wén de
口语的活泼，又有散文的
qīng kuài hé shī gē de yōu měi hái yùn hán zhe shēn kè de zhé lǐ
轻快和诗歌的优美，还蕴涵着深刻的哲理。

shā shì bǐ yà de xì jù kě dà zhì fēn wéi lì shǐ jù xǐ jù hé bēi jù
莎士比亚的戏剧可大致分为历史剧、喜剧和悲剧
sān dà lèi hēng lì sì shì shì shā shì bǐ yà lì shǐ jù zhōng zuì chéng
三大类。《亨利四世》是莎士比亚历史剧中最成
gōng zuì shòu huān yíng de dài biǎo zhè bù jù jiǎng shù de shì hēng lì sì shì hé
功、最受欢迎的代表。这部剧讲述的是亨利四世和

tā de wáng zǐ men yǔ fǎn pàn de zhū hóu guì zú jìn
他的王子们与反叛的诸侯贵族进
xíng shū sǐ dòu zhēng de gù shi
行殊死斗争的故事。

wēi ní sī shāng rén shì shā shì bǐ yà xǐ
《威尼斯商人》是莎士比亚喜
jù de dài biǎo zuò jiǎng shù de shì wēi ní sī shāng rén
剧的代表作。讲述的是威尼斯商人
ān dōng ní ào wèi le péng you xiàng jiǎo huá de xià luò
安东尼奥为了朋友向狡猾的夏洛
kè jiè le yì bǐ qián hòu yīn wèi yì wài bù néng àn
克借了一笔钱，后因为意外不能按
shí huán zhài xià luò kè biàn zhí yì yào àn zhào yuē dìng gē ān dōng ní ào shēn
时还债，夏洛克便执意要按照约定割安东尼奥身

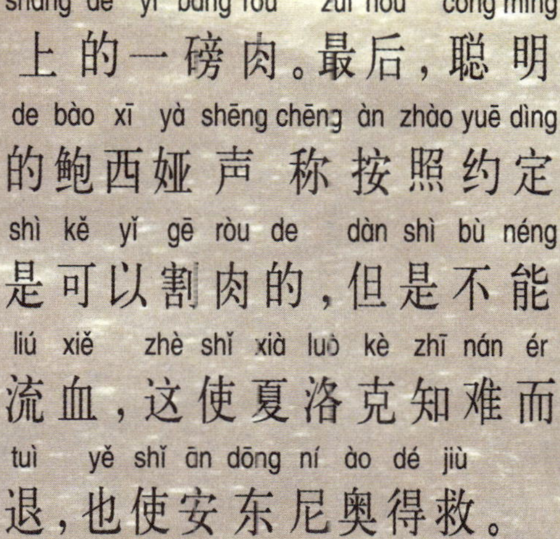

《哈姆雷特》中的奥菲利亚。

shang de yí bàng ròu zuì hòu cōng míng
上的一磅肉。最后，聪明
de bào xī yà shēng chēng àn zhào yuē dìng
的鲍西娅声称按照约定
shì kě yǐ gē ròu de dàn shì bù néng
是可以割肉的，但是不能
liú xiě zhè shǐ xià luò kè zhī nán ér
流血，这使夏洛克知难而
tuì yě shǐ ān dōng ní ào dé jiù
退，也使安东尼奥得救。

hěn duō rén rèn wéi shā shì bǐ yà
很多人认为莎士比亚
de bēi jù zuò pǐn dài biǎo le tā de zuì
的悲剧作品代表了他的最
gāo fēng dì yī wèi yīng xióng shì hā
高峰，第一位英雄是《哈
mǔ léi tè jiē xia lai shì ào sài luó mài kè bái hé lǐ ěr
姆雷特》，接下来是《奥赛罗》、《麦克白》和《李尔
wáng dōu shì jīng jiǔ bù shuāi de zuò pǐn
王》，都是经久不衰的作品。

哈姆雷特雕像。

伟大的莎士比亚

莎士比亚被称为“时代的灵魂”和“人类最伟大的戏剧天才”。虽然莎士比亚只用英文写作，但他却是世界著名作家。他的大部分作品都已被译成多种文字，其剧作也在许多国家上演。近四百年来他的作品一直给读者带来欢乐。

鲁滨孙漂流记

lǔ bīn sūn piāo liú jì fā biǎo yú
《鲁滨孙漂流记》发表于
nián shì dí fú de zuò pǐn zhè bù zuò
1719年，是笛福的作品。这部作
pǐn shí zhì shang jiù shì yīng guó jīng jì shàng shēng
品实质上就是英国经济上升
shí qī shāng yè zī chǎn jiē jí de sī xiǎng guān
时期商业资产阶级的思想观
niàn de fǎn yìng zhè bù zuò pǐn fǎn yìng le dāng
念的反映。这部作品反映了当
shí yīng guó shāng yè zī chǎn zhě xiàng hǎi wài kuò
时英国商业资产者向海外扩
zhāng de yāo qiú yǐ jí xīn xīng zī chǎn jiē jí
张的要求，以及新兴资产阶级
de nǔ lì pīn bó qù chuàng zào xīn shēng huó de
的努力拼搏去创造新生活的
fèn dòu jīng shén
奋斗精神。

lǔ bīn sūn piāo liú jì jiǎng shù de shì chū shēn yú tǐ miàn shāng rén jiā
《鲁滨孙漂流记》讲述的是出身于体面商人家
tíng de lǔ bīn sūn xǐ huan háng hǎi yì xīn xiǎng qù hǎi wài jiàn shí yì fān
庭的鲁滨孙，喜欢航海，一心想去海外见识一番。
céng xiān hòu sān cì háng hǎi chū xíng hòu lái zài yí cì chū hǎi zhōng chuán bó shī
曾先后三次航海出行，后来在一次出海中船舶失
shì tā piāo dào gū dǎo shang zài gū dǎo shang tā tōng guò zì jǐ de shuāng
事，他漂到孤岛上。在孤岛上，他通过自己的双
shǒu fēng yī zú shí bìng jiāng xiǎo dǎo zhì lǐ de jǐng jǐng yǒu tiáo qī jiān tā yòu
手丰衣足食，并将小岛治理得井井有条。期间，他又
cóng shí rén zú zhōng jiù chū le yí gè tǔ rén qǔ míng
从食人族中救出了一个土人，取名
wéi xīng qī wǔ cóng cǐ xīng
为“星期五”，从此，星
qī wǔ chéng wéi le tā de péng you
期五成为了他的朋友
hé pú rén zuì hòu lǔ bīn sūn dài
和仆人。最后，鲁滨孙带
zhe xīng qī wǔ lí kāi
着星期五离开
le huāng dǎo huí
了荒岛回
dào yīng guó
到英国。

格列佛游记

ZOUJIN AOMI SHIJIE

shì jì shàng bàn yè yīng guó zuì yōu xiù de fěng cì zuò jiā hé zhèng lùn jiā qiáo
18世纪上半叶英国最优秀的讽刺作家和政论家乔
nài shēng sī wēi fū tè suǒ zuò de gé liè fú yóu jì kàn sì hǎo xiàng shì qí
奈生·斯威夫特所作的《格列佛游记》看似好像是奇
huàn ér huī xié de ér tóng dú wù shí jì shang shì yí bù duì yīng guó dāng shí
幻而诙谐的儿童读物，实际上是一部对英国当时
zhèng zhì shè huì fǎ lǜ fēng sú xí guàn děng jìn xíng le shēn kè de jiē shì
政治、社会、法律、风俗习惯等进行了深刻地揭示
ér jí fù zhàn dòu xìng de xiàn shí zhǔ yì zuò pǐn
而极富战斗性的现实主义作品。

gé liè fú yóu jì miáo xiě le
《格列佛游记》描写了
xué shí yuān bó jí fù zhèng yì gǎn
学识渊博、极富正义感

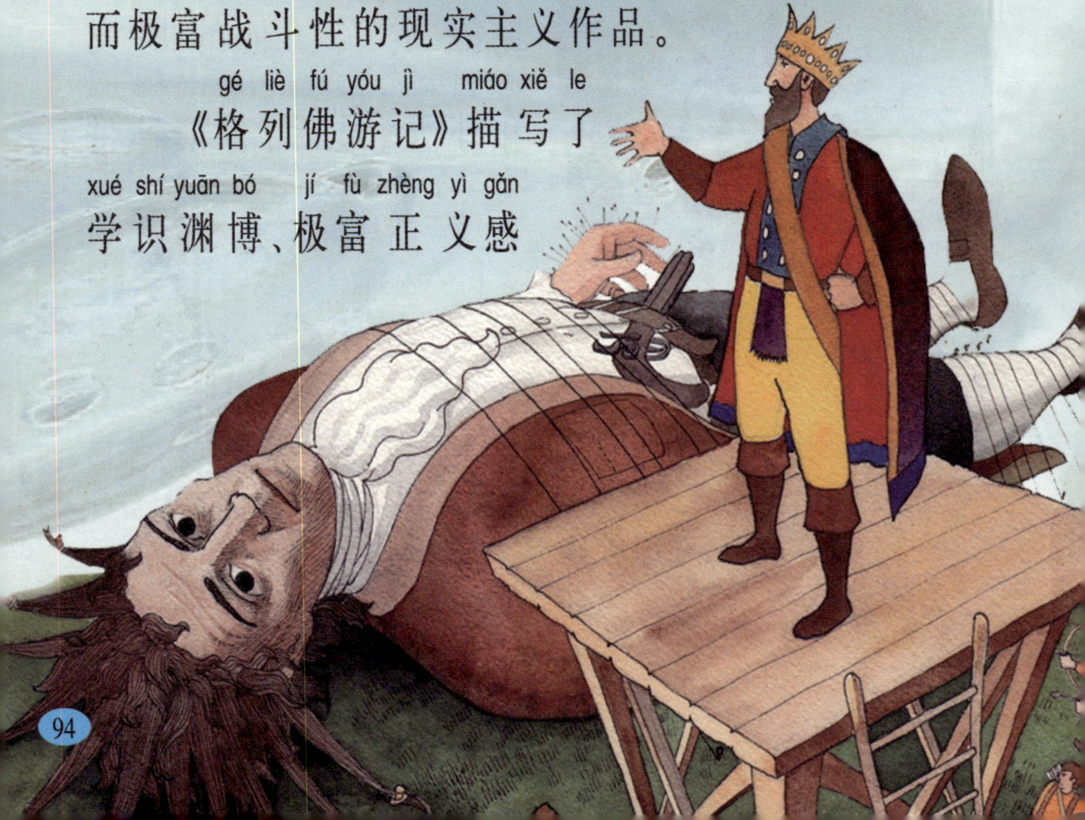

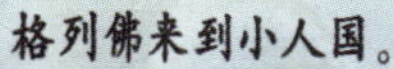

格列佛来到小人国。

格列佛在与马谈心。

de suí háng yī shēng gé liè fú cì háng hǎi suǒ yù shàng de qí wén yì shì gé
的随航医生格列佛4次航海所遇上的奇闻逸事。格
liè fú dì yī cì chū háng lái dào le xiǎo rén guó dì èr cì háng hǎi lái dào le
列佛第一次出航来到了小人国；第二次航海来到了
jù rén guó dì sān cì háng hǎi gé liè fú xiān hòu lái dào fēi dǎo mó fǎ zhī
巨人国；第三次航海，格列佛先后来到飞岛、魔法之
dǎo zuì hòu yí cì háng hǎi gé liè fú lái dào le mǎ
岛；最后一次航海，格列佛来到了马
shì guó jiā zhǔ zǎi de huì yīn guó gé liè fú běn lái
是国家主宰的慧骃国。格列佛本来
xiǎng zài zhè lǐ zhōng lǎo què wú nài chóng fǎn yīng guó
想在这里终老，却无奈重返英国。
dàn tā yì shēng yǐ mǎ wéi yǒu yǐ cǐ lái biǎo dá duì
但他一生以马为友，以此来表达对
huì yīn guó de xiàng wǎng hé huái niàn
慧骃国的向往和怀念。

备受欢迎的《格列佛游记》

《格列佛游记》首次出版便受到读者喜爱，一周之内售空，三周售出一万册。现已被译成几十种语言，在世界各地广为流传。

青年时期的拜伦。

唐璜

qiáo zhì gē dēng bài lún nián yīng guó
乔治·戈登·拜伦(1788～1824年),英国
shì jì jié chū de shī rén ōu zhōu làng màn zhǔ yì wén xué de
19世纪杰出的诗人,欧洲浪漫主义文学的
zhòng yào dài biǎo tā tiān shēng xiàng mào yīng jùn dàn què
重要代表。他天生相貌英俊,但却
bǒ zú nián bài lún chū shēng yú lún dūn yí gè pò
跛足。1788年,拜伦出生于伦敦一个破
luò de guì zú jiā tíng suì jì chéng nán jué jué wèi
落的贵族家庭,10岁继承男爵爵位;

拜伦雕像。

qīng nián shí qī zài jiàn qiáo dà xué jiē shòu le fǎ guó qǐ
青年时期，在剑桥大学接受了法国启
méng sī xiǎng de xūn táo zài xī là tā qīn zì cān
蒙思想的熏陶。在希腊，他亲自参
jiā xī là zhì shì zhēng qǔ dú lì de wǔ zhuāng dòu
加希腊志士争取独立的武装斗
zhēng nián sǐ yú xī là jūn zhōng
争，1824年，死于希腊军中。

táng huáng shì bài lún cháng shī dài biǎo zuò zhī
《唐璜》是拜伦长诗代表作之
yī shī zhōng miáo xiě le táng huáng zài xī là é
一，诗中描写了唐璜在希腊、俄
guó yīng guó děng dì de jīng lì táng huáng běn shì guì
国、英国等地的经历。唐璜本是贵
zú zǐ dì fù mǔ duì tā qīng zhù le hěn dà xī
族子弟，父母对他倾注了很大希
wàng dàn tā suì shí biàn tóng yí gè guì fù rén nào
望，但他16岁时便同一个贵妇人闹
chū fēng liú yùn shì mǔ qin zhǐ hǎo bǎ tā sòng dào ōu
出风流韵事，母亲只好把他送到欧
zhōu qù lǚ xíng
洲去旅行。

tú zhōng tā men de chuán yù dào fēng làng
途中，他们的船遇到风浪，
táng huáng bèi xī là hǎi dào de nǚ ér hǎi dài suǒ jiù
唐璜被希腊海盗的女儿海黛所救，
hòu lái tā yòu bèi zuò wéi nú lì mài diào táng huáng hòu lái
后来他又被作为奴隶卖掉。唐璜后来

jiā rù le é guó shā huáng gōng dǎ tǔ ěr qí de bù duì tā yīng yǒng shàn zhàn
加入了俄国沙皇攻打土耳其的部队，他英勇善战，
lì xià dà gōng dāng shí yīng é liǎng guó zhǔn bèi jié chéng jūn shì zhèng zhì tóng
立下大功。当时英、俄两国准备结成军事政治同

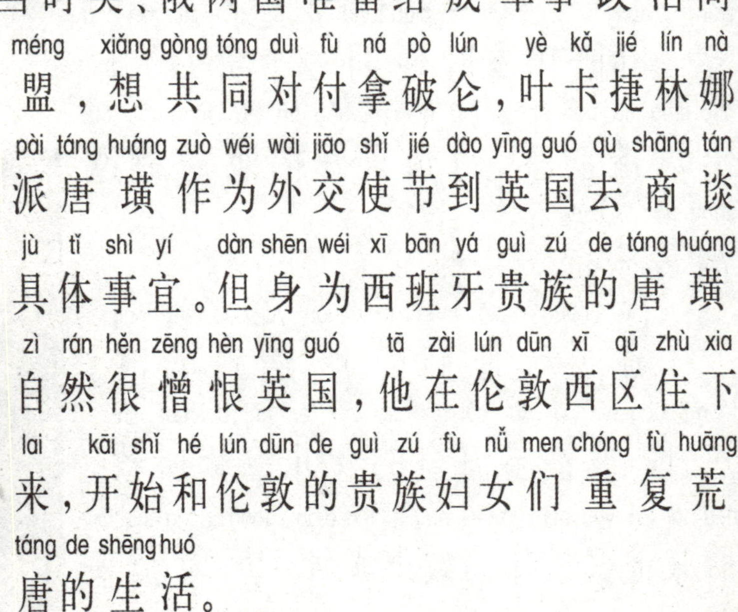

méng xiǎng gòng tóng duì fù ná pò lún yè kǎ jié lín nà
盟，想共同对付拿破仑，叶卡捷林娜
pài táng huáng zuò wéi wài jiāo shǐ jié dào yīng guó qù shāng tán
派唐璜作为外交使节到英国去商谈
jù tǐ shì yí dàn shēn wéi xī bān yá guì zú de táng huáng
具体事宜。但身为西班牙贵族的唐璜
zì rán hěn zēng hèn yīng guó tā zài lún dūn xī qū zhù xia
自然很憎恨英国，他在伦敦西区住下
lai kāi shǐ hé lún dūn de guì zú fù nǚ men chóng fù huāng
来，开始和伦敦的贵族妇女们重复荒
táng de shēng huó
唐的生活。

shī gē dào zhè lǐ biàn yīn wéi bài lún de shì shì ér méi yǒu jì xù xia qu dàn wǒ men kě yǐ kàn chū táng huáng de shàn liáng hé zhèng yì tōng guò tā de zhǒng zhǒng làng màn qí yù miáo xiě le ōu zhōu shè huì de rén wù bǎi tài yǐ jí shè huì fēng qíng yǐ jí duì ōu zhōu fēng jiàn shì lì de jūn zhǔ zhèng tǐ jìn xíng de jiān ruì pēng jī

诗歌到这里便因为拜伦的逝世而没有继续下去，但我们可以看出唐璜的善良和正义，通过他的种种浪漫奇遇，描写了欧洲社会的人物百态以及社会风情，以及对欧洲封建势力的君主政体进行的尖锐抨击。

英雄拜伦

拜伦不仅是一位伟大的诗人，还是一个为理想战斗一生的勇士。他积极而勇敢地投身革命，参加了希腊民族解放运动，并成为领导人之一。

双城记

ZOUJIN AOMI SHIJIE

yīng guó xiǎo shuō jiā dí gēng sī duō nián jiān chuàng zuò le bù cháng piān xiǎo
英国小说家狄更斯30多年间创作了14部长篇小
shuō qí zhōng zuì zhù míng de shì yǐ nián fǎ guó dà gé mìng wéi bèi jǐng
说，其中最著名的是以1789年法国大革命为背景
de xiǎo shuō shuāng chéng jì
的小说《双城记》。

xiǎo shuō jiǎng shù le zhè yàng yí gè gù shi yī shēng méi ní tè yīn wèi
小说讲述了这样一个故事：医生梅尼特因为
jǔ bào è fú lǐ méng dì hóu jué xiōng dì bèi guān rù bā shì dǐ yù nián
举报厄弗里蒙地侯爵兄弟被关入巴士底狱，18年

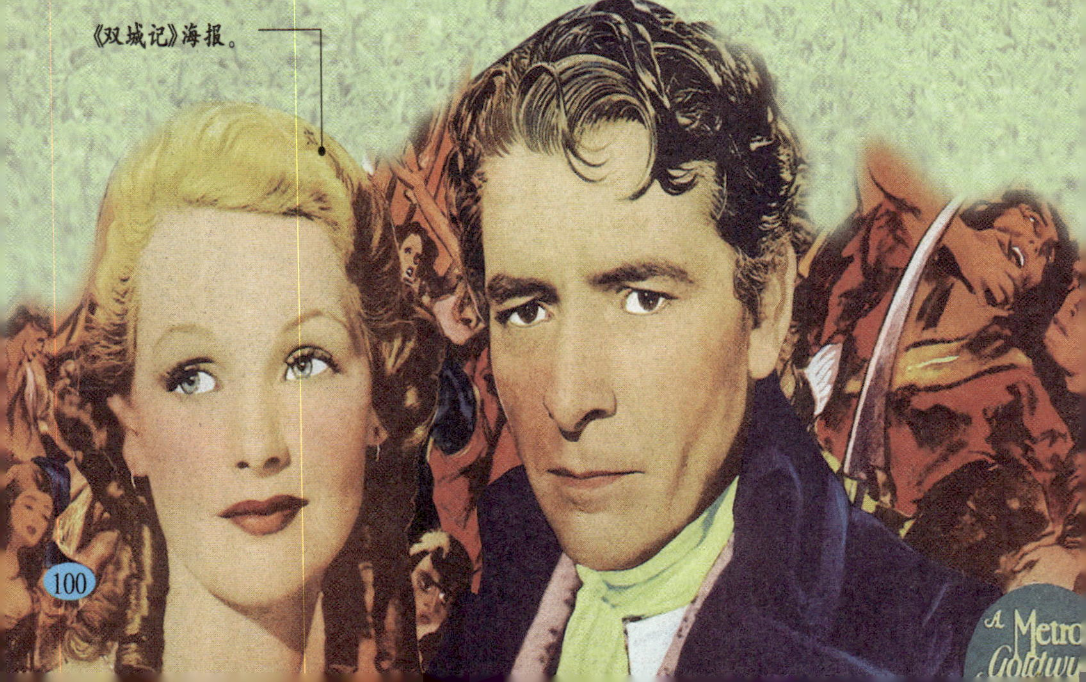

《双城记》海报。

hòu méi ní tè yī shēng huò shì bèi cóng qián de guǎn
后，梅尼特医生获释，被从前的管
jiā dé fá shí shōu liú cǐ shí nǚ ér lù qiàn yě
家得伐石收留，此时，女儿路茜也
yǐ chéng rén bìng yǔ chá lǐ dài ěr nà jié hūn
已成人，并与查理·代尔纳结婚，
ér dài ěr nà zhèng shì hóu jué de ér zi fǎ guó
而代尔纳正是侯爵的儿子。法国
dà gé mìng qī jiān dài ěr nà yīn wéi shì guì zú
大革命期间，代尔纳因为是贵族
de hòu dài bèi bǔ ài mù lù qiàn de kǎ ěr dēng
的后代被捕，爱慕路茜的卡尔登
hùn rù jiān yù dǐng tì le dài ěr nà dēng shàng le duàn tóu tái
混入监狱，顶替了代尔纳登上了断头台。

zhè bù zuò pǐn jiè miáo xiě fǎ guó guì zú de huāng yín cán bào rén mín qún
这部作品借描写法国贵族的荒淫残暴，人民群
zhòng de chóng chóng kǔ nàn hé fǎ guó dà gé mìng de wēi lì yǐng shè le dāng
众的重重苦难和法国大革命的威力，影射了当
shí yīng guó de shè huì xiàn shí
时英国的社会现实。

傲慢与偏见

ZOUJIN AOMI SHIJIE

yīng guó nǚ zuò jiā jiǎn ào sī
英国女作家简·奥斯
tīng de ào màn yǔ piān jiàn jiǎng shù
汀的《傲慢与偏见》讲述
de shì xiǎo xiāng shēn bèi nèi tè jiā yǒu
的是小乡绅贝内特家有
wǔ gè nǚ ér dà nǚ ér jiǎn hé bīn lì hù xiāng xǐ
五个女儿。大女儿简和宾利互相喜
huān èr nǚ ér yī lì shā bái cōng míng huó pō
欢，二女儿伊利莎白聪明、活泼，
duì bīn lì ào màn de péng you dá xī hěn fǎn gǎn yòu jiā shàng qīng nián jūn guān
对宾利傲慢的朋友达西很反感，又加上青年军官
qiáo zhì wēi kè mǔ duì yī lì shā bái biān zào le dá xī piàn qǔ tā de yí chǎn
乔治·威克姆对伊利莎白编造了达西骗取他的遗产

de huǎng yán cóng ér duì dá xī gèng jiā yàn wù zhè dǎo zhì le bīn lì hé jiǎn yě
的谎言，从而对达西更加厌恶，这导致了宾利和简也
fēn kāi le hòu lái yī lì shā bái zhōng yú zhī dào le zhēn xiàng yuán lái dá xī
分开了。后来，伊利莎白终于知道了真相，原来达西
bìng fēi shì gè ào màn wú lǐ de rén xiāng fǎn tā shì yí gè chéng kěn shàn
并非是个傲慢无礼的人，相反他是一个诚恳、善
liáng de nián qīng rén zuì hòu yī lì shā bái hé dá xī yǒu qíng rén zhōng chéng
良的年轻人。最后，伊利莎白和达西有情人终成
juàn shǔ bīn lì hé jiǎn yě wán měi jié hé
眷属，宾利和简也完美结合。

ào sī tīng de ào màn yǔ piān jiàn pò jiù lì xīn zhǎn xiàn le dāng shí
奥斯汀的《傲慢与偏见》破旧立新，展现了当时
shàng wèi shòu dào zī běn zhǔ yì gōng yè gé mìng chōng jī de yīng guó xiāng cūn
尚未受到资本主义工业革命冲击的英国乡村
zhōng chǎn jiē jí de rì cháng shēng huó hé tián yuán fēng guāng yǐ jí xiāng cūn
中产阶级的日常生活和田园风光，以及乡村
zhōng chǎn jiē jí jiā tíng chū shēn de shào
中产阶级家庭出身的少
nǚ duì hūn yīn ài qíng wèn tí de tài dù
女对婚姻爱情问题的态度。

《傲慢与偏见》的作者 简·奥斯汀。

作者介绍

由于生活环境恬静、舒适，简·奥斯汀的作品里没有重大的社会矛盾。她以女性特有的细致入微的观察力，真实地描绘了她周围世界的小天地，尤其是绅士淑女间的婚姻和爱情风波。此图为简·奥斯汀的故居。

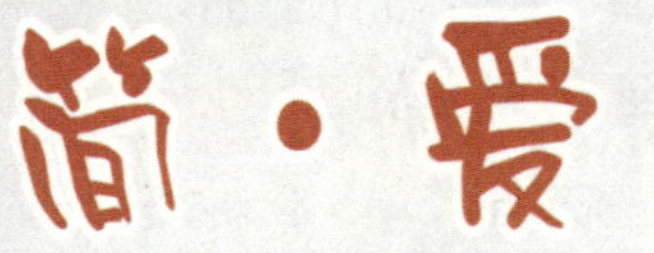

简·爱

ZOUJIN AOMI SHIJIE

jiǎn ài shì zhù míng de bó lǎng tè sān jiě
《简·爱》是著名的勃朗特三姐
mèi zhī zhōng de xià luò dì bó lǎng tè de zuò pǐn
妹之中的夏洛蒂·勃朗特的作品。
jiǎn ài jiǎng shù de shì cóng xiǎo shēng huó
《简·爱》讲述的是从小生活
kùn kǔ de jiǎn zhǎng dà hòu dào sāng fēi ěr dé zhuāng
困苦的简长大后到桑菲尔德庄
yuán qù zuò jiā tíng jiào shī hé zhuāng yuán
园去做家庭教师，和庄园
zhǔ rén luó qiē sī tè xiāng ài jiù zài
主人罗切斯特相爱。就在

《简爱》作者夏洛蒂·勃朗特。

èr rén yào jǔ xíng hūn lǐ shí jiǎn zhī dào le luó
二人要举行婚礼时，简知道了罗
qiē sī tè qí shí yǒu yí gè yǐ jīng fēng le de
切斯特其实有一个已经疯了的
qī zi yú shì dào dé hé zì zūn de lì liàng
妻子，于是，道德和自尊的力量
shǐ jiǎn jué dìng lí kāi luó qiē sī tè
使简决定离开罗切斯特。

hòu lái jiǎn huí dào zhuāng yuán fā xiàn fēng nǚ rén shāo huǐ le zhuāng yuán
后来，简回到庄园，发现疯女人烧毁了庄园
bìng sǐ qù ér luó qiē sī tè de yǎn jing yě xiā le jí shǐ zhè yàng jiǎn réng
并死去，而罗切斯特的眼睛也瞎了。即使这样，简仍
rán ài zhe luó qiē sī tè tā men xié shǒu zǒu jìn le hūn yīn de diàn táng
然爱着罗切斯特，他们携手走进了婚姻的殿堂。

jiǎn ài de yì yì bù jǐn zài yú shǐ yīng guó wén tán fā xiàn le nǚ zuò
《简·爱》的意义不仅在于使英国文坛发现了女作
jiā xià luò dì bó lǎng tè gèng shǐ quán shì jiè
家夏洛蒂·勃朗特，更使全世界
qiān qiān wàn wàn de nǚ xìng cóng nǚ zhǔ rén gōng
千千万万的女性从女主人公
jiǎn ài shēn shang zhǎo dào le zhuī qiú píng
简·爱身上找到了追求平
děng yǔ zì lì de xìn xīn hé dòng lì
等与自立的信心和动力。

呼啸山庄

ZOUJIN AOMI SHIJIE

hū xiào shān zhuāng shì ài mǐ lì bó lǎng
《呼啸山庄》是艾米丽·勃朗
tè wéi yī de yí bù xiǎo shuō dàn què diàn dìng le
特唯一的一部小说，但却奠定了
tā zài wén xué shǐ shang de dì wèi
她在文学史上的地位。

hū xiào shān zhuāng jiǎng shù de shì yīng gé lán běi bù yǒu yí zuò jī hū
《呼啸山庄》讲述的是英格兰北部有一座几乎
yǔ shì gé jué de shān zhuāng yīn wèi měi dào dōng tiān fēng cóng shān zhuāng guā guò
与世隔绝的山庄，因为每到冬天风从山庄刮过
de shí hou zǒng huì liú xià rú yě shòu páo xiāo de shēng yīn yīn cǐ bèi chēng wéi
的时候总会留下如野兽咆哮的声音，因此被称为
hū xiào shān zhuāng jí pǔ sài gū ér xī sī kè lì fū bèi shān zhuāng de lǎo
呼啸山庄。吉普赛孤儿希斯克利夫被山庄的老
zhǔ rén shōu wéi yì zǐ
主人收为义子。

lǎo zhuāng zhǔ sǐ hòu yīn
老庄主死后，因
wèi shòu dào shào yé xīn dé
为受到少爷辛德
léi de xiū rǔ yǐ jí zì
雷的羞辱，以及自

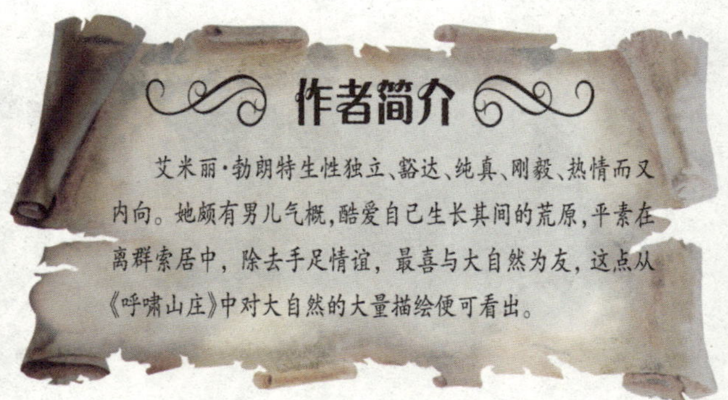

作者简介

艾米丽·勃朗特生性独立、豁达、纯真、刚毅、热情而又内向。她颇有男儿气概，酷爱自己生长其间的荒原，平素在离群索居中，除去手足情谊，最喜与大自然为友，这点从《呼啸山庄》中对大自然的大量描绘便可看出。

jǐ ài de rén kǎi sè lín yě jià gěi tā rén xī sī
己爱的人凯瑟琳也嫁给他人，希斯
kè lì fū chū zǒu sān nián hòu tā huái zhe fù chóu
克利夫出走，三年后，他怀着复仇
de xīn chóng huí shān zhuāng suī
的心重回山庄。虽
rán tā zuì zhōng chéng gōng
然他最终成功
bào le chóu dàn hái
报了仇，但还
shì nán yǐ wàng huái tā
是难以忘怀他
duì kǎi sè lín de ài
对凯瑟琳的爱，
zuì zhōng tā hū huàn
最终，他呼唤
zhe kǎi sè lín de míng
着凯瑟琳的名
zi lí kāi le chén shì
字离开了尘世。
zhěng bù xiǎo shuō bèi yīn
整部小说被阴
yù qī lěng de qì fēn lǒng zhào dàn rén men què yòu bèi lí qí jǐn zhāng de
郁、凄冷的气氛笼罩，但人们却又被离奇、紧张的
qíng jié xī yǐn hū xiào shān zhuāng tǐ xiàn le zuò zhě fǎn kàng yā pò zhēng
情节吸引。《呼啸山庄》体现了作者反抗压迫、争
qǔ xìng fú de jīng shén
取幸福的精神。

尤利西斯

ZOUJIN AOMI SHIJIE

詹姆斯·乔伊斯。

爱尔兰作家詹姆斯·乔伊斯的《尤利西斯》主要是写广告经纪人布鲁姆和他的妻子莫莉、青年作家斯蒂芬在1904年6月16日这一天的经历：

今天，布鲁姆的妻子莫莉要和情人博伊兰约会，而他也和一个女打字员交换情书。11时，布鲁姆参加了迪格纳穆的葬礼。

中午，他在报社遇见青年作家斯蒂芬，两人一起喝酒。之后，他遇到了博伊兰，在酒吧又遇到了无赖。晚上，布鲁姆又巧遇斯蒂芬，两人又一起喝酒。最后，失意的斯蒂芬与布鲁姆仿佛在彼此的身上找到了各自的精神寄托，布鲁姆将斯蒂芬带回家。清晨时分，斯蒂芬不辞而别。

《尤利西斯》是一部描写西方社会现代人生存状态和价值取向问题的严肃作品。

浮士德

ZOUJIN AOMI SHIJIE

fú shì dé　qǔ cái yú dé guó　shì jì guān yú
《浮士德》取材于德国16世纪关于
fú shì dé de chuán shuō　jīng guò jiā gōng　gē dé bǎ
浮士德的传说。经过加工，歌德把
fú shì dé xiě chéng le yí gè bú duàn zhuī qiú jìn qǔ
浮士德写成了一个不断追求进取
de lǐ xiǎng rén wù
的理想人物。

歌德著作《浮士德》。

fú shì dé　shì yí bù cháng dá　háng
《浮士德》是一部长达12 111行
de shī jù　quán jù méi yǒu shǒu wěi lián guàn de qíng jié
的诗剧，全剧没有首尾连贯的情节，
ér shì yǐ fú shì dé de sī xiǎng biàn huà wéi xiàn suǒ
而是以浮士德的思想变化为线索。
mó guǐ mí fēi sī tè hé fú
魔鬼靡非斯特和浮
shì dé dìng yuē　tā kě yǐ mǎn zú fú
士德定约，他可以满足浮

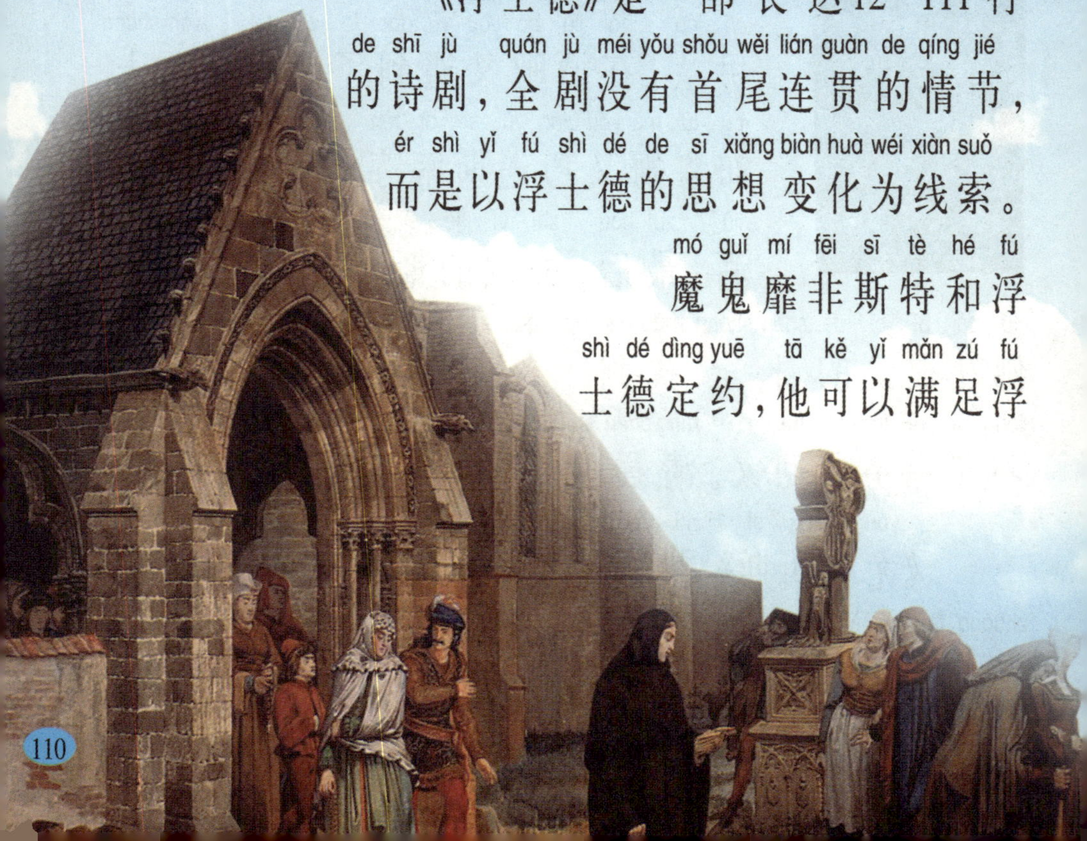

shì dé de rèn hé yuàn wàng dàn shì dāng fú shì dé biǎo shì mǎn zú de shí hòu fú
士德的任何愿望，但是当浮士德表示满足的时候，浮
shì dé de líng hún biàn yào guī yú tā fú shì dé tóng yì
士德的灵魂便要归于他，浮士德同意
le yú shì mí fēi sī tè shǐ fú shì dé biàn de nián
了。于是，靡非斯特使浮士德变得年

qīng huò dé le měi nǚ hǎi lún de
轻，获得了美女海伦的
ài qíng jiāng luó mǎ zhì lǐ de jǐng
爱情，将罗马治理得井
jǐng yǒu tiáo hòu lái tā xī wàng
井有条，后来，他希望
jiàn zào yí gè píng děng zì yóu de
建造一个平等自由的
lè yuán zhèng dāng zì jǐ chén jìn
乐园，正当自己沉浸
zài měi hǎo de chōng jǐng zhōng shí tā jué dé zì jǐ gǎn dào le mǎn zú zhè
在美好的憧憬中时，他觉得自己感到了满足。这
shí mó guǐ zhèng xiǎng duó qǔ fú shì dé de líng hún dàn què bèi
时，魔鬼正想夺取浮士德的灵魂，但却被
tiān shǐ qiǎng xiān jiāng tā de líng hún dài rù le tiān táng
天使抢先将他的灵魂带入了天堂。

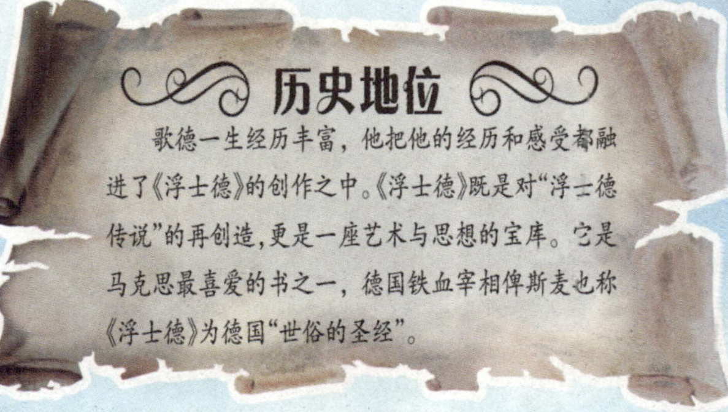

历史地位

歌德一生经历丰富，他把他的经历和感受都融进了《浮士德》的创作之中。《浮士德》既是对“浮士德传说”的再创造，更是一座艺术与思想的宝库。它是马克思最喜爱的书之一，德国铁血宰相俾斯麦也称《浮士德》为德国“世俗的圣经”。

钢铁是怎样炼成的

ào sī tè luò fū sī jī
奥斯特洛夫斯基（1904～1936
nián sū lián zuò jiā chū shēng zài wū kè lán
年），苏联作家，出生在乌克兰
yí gè pín kùn de gōng rén jiā tíng tā gēn jù
一个贫困的工人家庭。他根据
zì jǐ de qīn shēn jīng lì chuàng zuò le cháng piān
自己的亲身经历创作了长篇
xiǎo shuō gāng tiě shì zěn yàng liàn chéng de
小说《钢铁是怎样炼成的》。

gāng tiě shì zěn yàng liàn chéng de de zhǔ
《钢铁是怎样炼成的》的主
rén gōng bǎo ěr kē chá jīn de yuán xíng jiù shì
人公保尔·柯察金的原型就是
zuò zhě běn rén qióng kǔ chū shēn de bǎo ěr zǎo
作者本人。穷苦出身的保尔早
nián sàng fù mǔ qīn hé gē gē miǎn qiáng zhī
年丧父，母亲和哥哥勉强支
chēng zhe zhè gè jiā cóng xiǎo bǎo ěr jiù zài zhè
撑着这个家。从小，保尔就在这

zhǒng jiān kǔ de huán jìng zhōng duàn liàn chū le jiān yì bù qū de xìng gé
种艰苦的环境中 锻炼出了坚毅不屈的性格。

shí yuè gé mìng bào fā hòu bǎo ěr de jiā xiāng bèi hóng jūn jiě fàng bǎo
十月革命爆发后，保尔的家乡被红军解放，保
ěr hé lǎo bù ěr shí wéi kè zhū hè lái xiāng shí bìng shòu dào zhū hè lái hóng sè
尔和老布尔什维克朱赫莱相识，并受到朱赫莱红色
sī xiǎng de yǐng xiǎng zhè qī jiān bǎo ěr hé lín wù guān de nǚ ér dōng nī yà
思想的影响。这期间，保尔和林务官的女儿冬妮娅
chǎn shēng le ài qíng hòu lái bǎo ěr shòu zhū hè lái de yǐng xiǎng cān jiā le
产生了爱情。后来，保尔受朱赫莱的影响参加了
hóng jūn tā zuò zhàn yǒng gǎn dàn zhàn dòu shòu shāng hòu bù néng jì xù zhàn
红军。他作战勇敢，但战斗受伤后不能继续战
dòu zhǐ néng zuò qí tā gé mìng gōng zuò ér
斗，只能做其他革命工作，而
tā hé dōng nī yà zé yīn wèi sī
他和冬妮娅则因为思

xiǎng chā jù fēn kāi le
想差距分开了。

zài gǒng gù gé mìng de jiàn shè zhōng bǎo ěr yì zhī yǎn jing shī míng dé le shāng hán bìng shēn tǐ nèi liú yǒu dàn piàn zuì hòu wán quán tān huàn shuāng mù wán quán shī míng
在巩固革命的建设中，保尔一只眼睛失明，得了伤寒病，身体内留有弹片，最后完全瘫痪，双目完全失明。

dàn jí bìng bìng méi yǒu cuī huǐ zhè ge gé mìng qīng nián bǎo ěr yǐ jiān qiáng de gé mìng xìn niàn tóng jí bìng kàng zhēng dào dǐ zài jí duān kùn nan de qíng kuàng
但疾病并没有摧毁这个革命青年，保尔以坚强的革命信念同疾病抗争到底，在极端困难的情况

xià tā kāi shǐ le wén xué chuàng zuò nián tā
下，他开始了文学创作，1934年，他
de dì yī bù xiǎo shuō bào fēng yǔ suǒ dàn shēng de
的第一部小说《暴风雨所诞生的》
zhōng yú chū bǎn
终于出版。

gāng tiě shì zěn yàng liàn chéng de gǔ wǔ le sū
《钢铁是怎样炼成的》鼓舞了苏
lián qiān bǎi wàn qīng nián shǐ tā men yǒu zhàn shèng kùn nan de yǒng qì bǎo ěr jīng
联千百万青年，使他们有战胜困难的勇气，保尔精
shén chéng wéi yì zhǒng shí dài jīng shén wèi guó zhàn zhēng shí qī zhàn dòu zài
神成为一种时代精神。卫国战争时期，战斗在
qián xiàn de sū wéi āi qīng nián zài bǎo ěr kē chá jīn
前线的苏维埃青年在保尔·柯察金
de jīng shén gǔ wǔ xià tóng fǎ xī sī yù xuè fèn zhàn
的精神鼓舞下同法西斯浴血奋战。

奥斯特洛夫斯基的画像。

静静的顿河

ZOUJIN AOMI SHIJIE

jìng jìng de dùn hé shì sū lián zuò jiā xiāo luò huò fū de
《静静的顿河》是苏联作家肖洛霍夫的
yí bù lì zuò tā yòng le nián de shí jiān cái wán chéng
一部力作，他用了14年的时间才完成
zhè bù xiǎo shuō xiāo luò huò fū yě yīn gāi shū róng huò
这部小说。肖洛霍夫也因该书荣获1965
nián nuò bèi ěr wén xué jiǎng
年诺贝尔文学奖。

gē sà kè shì sū lián pō yǒu tè sè de yí gè
哥萨克是苏联颇有特色的一个
jìn sì yú mín zú de tè shū jiē céng yǐ xiāo yǒng shàn
近似于民族的特殊阶层，以骁勇善
zhàn zhù chēng jìng jìng de dùn hé miáo xiě
战著称。《静静的顿河》描写
le cóng dì yī cì shì jiè dà zhàn dào guó nèi zhàn zhēng jié shù zhè
了从第一次世界大战到国内战争结束这
ge dòng dàng de lì shǐ nián dài zhōng dùn hé gē sà kè rén
个动荡的历史年代中，顿河哥萨克人
gě lì gāo lǐ ài shang le lín jū sī jié pān de qī zi ā
葛利高里爱上了邻居斯杰潘的妻子阿
kè xī nī yà jiē zhe yī zhàn bào fā é guó gé mìng bào
克西妮亚，接着一战爆发，俄国革命爆

fā zài zhàn zhēng qī jiān gě lì gāo lǐ
发，在战争期间，葛利高里
zài hóng jūn hé bái jūn jiān pái huái sī xiǎng
在红军和白军间徘徊，思想
chōng mǎn kùn huò zuì hòu tā de jiā rén
充满困惑。最后，他的家人
quán bù sǐ qù ā kè xī nī yà yě sǐ
全部死去，阿克西妮亚也死
qù le zhǐ liú xià le
去了，只留下了

葛利高里虽然一直在坚持抗争，但最后却逃离不开悲剧的命运。

独特的艺术价值

小说巧妙地将恢弘的战争场面与细腻的生活场面互相转换，风景描写与人物的心理描写互相依托，从而塑造了一个复杂的主人公形象。作者将其全部的感情都倾注到了主人公的身上，不是从战争的角度来歌颂人，而是从人的角度来审视革命。

tā men de ér zi yǔ zì jǐ xiāng bàn
他们的儿子与自己相伴。

jìng jìng de dùn hé biǎo xiàn le sū
《静静的顿河》表现了苏
wéi āi zhèng quán zài gē sà kè dì qū jiàn
维埃政权在哥萨克地区建
lì zhèng quán de jiān kǔ guò chéng jiē shì
立政权的艰苦过程，揭示
chū yí qiè fǎn dòng shì lì bì rán shī bài miè
出一切反动势力必然失败灭
wáng de mìng yùn
亡的命运。

红与黑

ZOUJIN AOMI SHIJIE

fǎ guó zuò jiā sī tāng dá de hóng yǔ
法国作家司汤达的《红与
hēi fā shēng zài fǎ guó dà gé mìng
黑》发生在法国大革命(1789
nián qián xī de dòng dàng nián dài zhǔ rén gōng píng mín yú lián yǔ shì zhǎng fū
年)前夕的动荡年代。主人公平民于连与市长夫
rén dé ruì nà fū rén xiāng ài jīng rén jiè shào yú lián yòu dāng shàng le hóu
人德·瑞那夫人相爱。经人介绍,于连又当上了侯
jué de sī rén mì shū bìng dé dào hóu jué nǚ ér mǎ tè ěr xiǎo jiě de qīng lài
爵的私人秘书,并得到侯爵女儿玛特尔小姐的青睐,
mǎ shàng jiù yào píng bù qīng yún zhè shí dé ruì nà fū rén de lái xìn jiē lù
马上就要平步青云。这时,德·瑞那夫人的来信揭露
le yú lián yú lián zài shī qù yí qiè
了于连,于连在失去一切

于连作为一个平民青年,为了要在一个等级森严的社会里满足自己巨大的野心采用了虚伪的手段,但最终依然以悲剧收场。

de qíng kuàng xià kāi qiāng shè jī dé ruì nà fū rén tā yīn
的情况下开枪射击德·瑞那夫人，他因
cǐ bèi pàn sǐ zuì shì hòu yú lián cái zhī dao dé ruì nà
此被判死罪。事后，于连才知道德·瑞那
fū rén shì bèi bī pò xiě nà fēng xìn de zuì hòu yú
夫人是被逼迫写那封信的。最后，于
lián shàng le duàn tóu tái mǎ tè ěr qīn shǒu mái
连上了断头台，玛特尔亲手埋
zàng le tā de tóu lú dé ruì nà fū rén yě lí
葬了他的头颅，德·瑞那夫人也离
kāi le rén shì
开了人世。

zài fǎ guó gé mìng shí qī hóng yǔ
在法国革命时期，“红”与
hēi dài biǎo jūn duì yǔ jiào huì yǒu yě xīn de
“黑”代表军队与教会，有野心的
fǎ guó qīng nián shì tōng guò zhè liǎng tiáo tú jìng fā
法国青年是通过这两条途径发
zhǎn de yú lián jí shì rú cǐ
展的，于连即是如此。

《红与黑》的作者司汤达。

法国大革命

司汤达的童年是在法国大革命的大背景下度过的，因此他的作品受到法国革命时期资产阶级革命思想和教育思想的影响。

欧也妮·葛朗台

ZOUJIN AOMI SHIJIE

gé lǎng tái shì bā ěr zhā kè zài ōu yě
葛朗台是巴尔扎克在《欧也
nī gé lǎng tái zhōng kè huà de zuì chéng
妮·葛朗台》中刻画的最成
gōng de lìn sè guǐ xíng xiàng
功的吝啬鬼形象。

suǒ mò chéng li zuì yǒu qián de gé lǎng
索漠城里最有钱的葛朗
tái yǐ lìn sè zhù chēng tā chuān dài pǔ sù
台以吝啬著称，他穿戴朴素，
cān zhuō shang méi yǒu měi jiǔ jiā yáo zuò shēng yì shí hái shuǎ jiān shǐ zhà gé
餐桌上没有美酒佳肴，做生意时还耍奸使诈。葛
lǎng tái yīn wèi zhí zi chá lǐ jiā pò chǎn zǔ zhǐ tā hé zì jǐ de nǚ ér ōu yě
朗台因为侄子查理家破产阻止他和自己的女儿欧也
nī lái wǎng
妮来往。

hòu lái gé lǎng tái
后来，葛朗台
yīn fēng tān ér sǐ ōu yě
因风瘫而死，欧也
nī jì chéng fù yè dàn
妮继承父业，但

人物分析

葛朗台是世界文学史上最出名的吝啬鬼之一。他不仅对别人吝啬，克扣妻子和女儿的零花钱；而且对自己也十分吝啬，每顿饭的食物都必须亲自定量。即使是在临死之前，他还不忘告诉女儿看好自己的金子。他对金钱的渴望使他变成了金钱的奴隶。

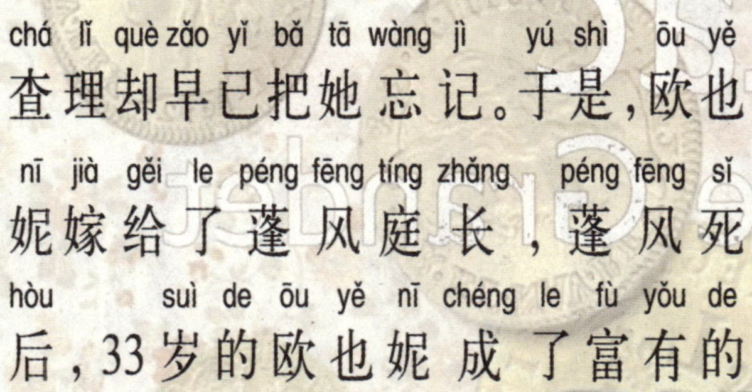

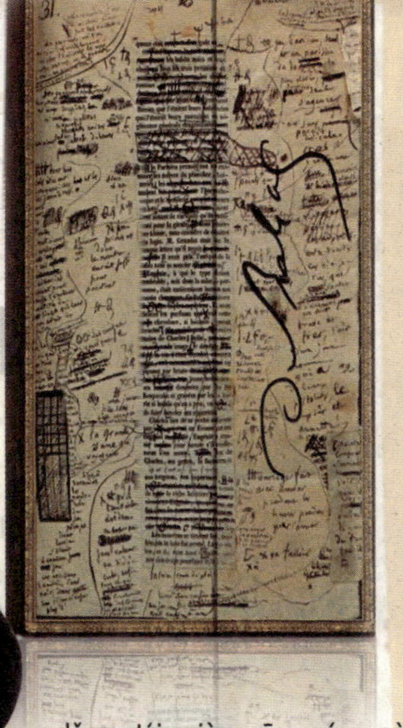

chá lǐ què zǎo yǐ bǎ tā wàng jì yú shì ōu yě
查理却早已把她忘记。于是，欧也
nī jià gěi le péng fēng tíng zhǎng péng fēng sǐ
妮嫁给了蓬风庭长，蓬风死
hòu suì de ōu yě nī chéng le fù yǒu de
后，33岁的欧也妮成了富有的
guǎ fù yú shì chéng li
寡妇。于是，城里
de rén men biàn xiàng dāng
的人们便像当
nián tā men xiàng gé
年他们像葛
lǎng tái xiàn yīn qín nà
朗台献殷勤那
yàng chǎn mèi ōu yě nī
样谄媚欧也妮。
ōu yě nī
《欧也妮·
gé lǎng tái biǎo xiàn le
葛朗台》表现了
dāng shí fǎ guó shè huì
当时法国社会
jiān ruì de jiē jí máo
尖锐的阶级矛
dùn hé zī chǎn jiē jí
盾和资产阶级
tān lán de zuǐ liǎn
贪婪的嘴脸。

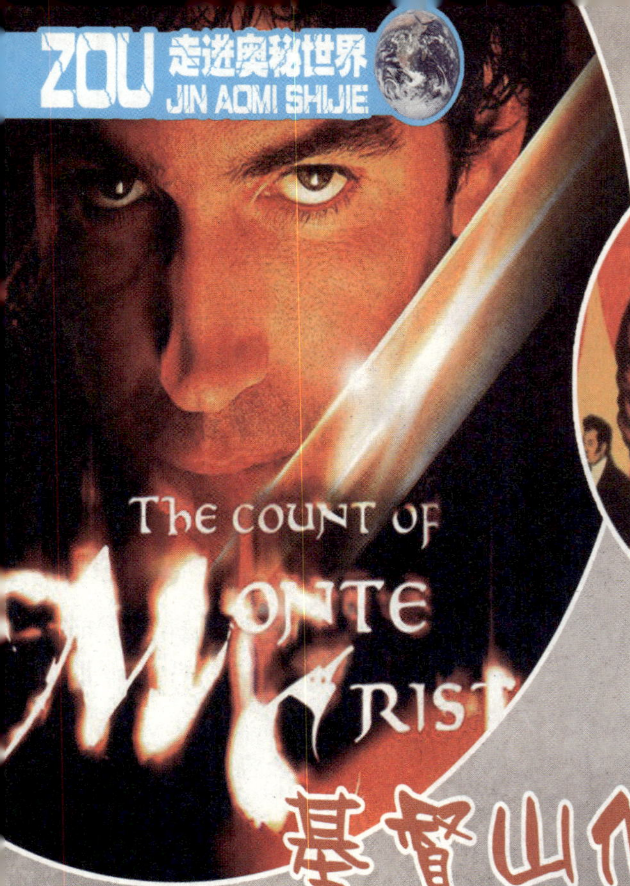

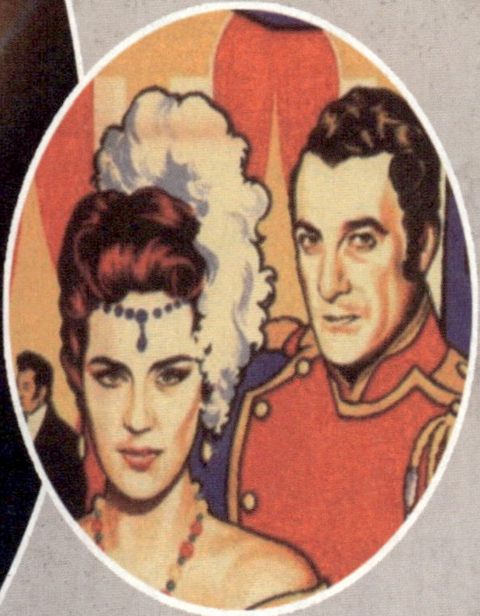

基督山伯爵

ZOUJIN AOMI SHIJIE

fǎ guó làng màn zhǔ yì zuò jiā dà zhòng mǎ de xiǎo shuō duō dá bǎi bù dà dū
法国浪漫主义作家大仲马的小说多达百部，大都
yǐ zhēn shí de lì shǐ wéi bèi jǐng yǐ zhǔ rén gōng de
以真实的历史为背景，以主人公的
qí yù wéi nèi róng qíng jié qū zhé shēng dòng chù
奇遇为内容，情节曲折生动，处
chù yǐn rén rù shèng kān chēng lì shǐ jīng xiǎn xiǎo
处引人入胜，堪称历史惊险小
shuō tā de jī dū shān bó jué yě shì yí bù
说。他的《基督山伯爵》也是一部

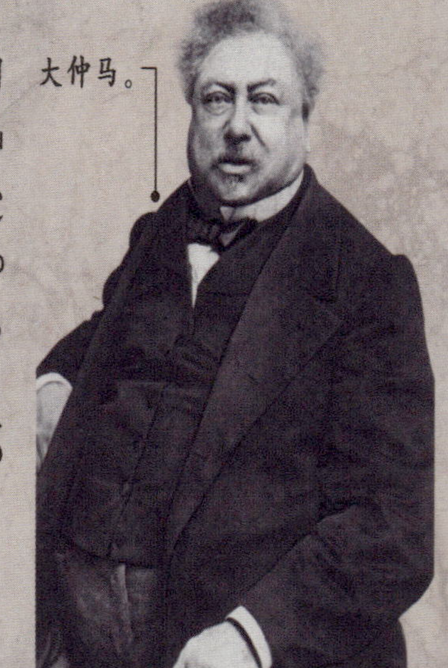

大仲马。

zhè yàng de xiǎo shuō
这样的小说。

gù shi jiǎng shù ài dé méng dèng dì sī
故事讲述爱德蒙·邓蒂斯
shòu rén zhī tuō gěi ná pò lún dài xìn bèi
受人之托给拿破仑带信，被
dèng gé lā sī fú nán xiàn hài rù yù yòu
邓格拉斯、弗南陷害入狱，又
bèi jiǎn chá guān wéi ěr fú liú fàng gū dǎo
被检察官维尔弗流放孤岛。

dèng dì sī zài sǐ láo lǐ dù guò le
邓蒂斯在死牢里度过了
gè nián tóu bèi yí wèi shén fu gào zhī
14个年头，被一位神甫告知
jī dū shān dǎo shàng mái cáng zhe jīng rén de
基督山岛上埋藏着惊人的
cái fù dèng dì sī xiǎng fāng shè fǎ táo chū
财富。邓蒂斯想方设法逃出
le jiān yù zhǎo dào le jī dū shān de bǎo
了监狱，找到了基督山的宝
zàng chéng wéi yì míng yì wàn fù wēng zhǔn
藏，成为一名亿万富翁。准
bèi le nián zhī hòu tā huà shēn jī dū shān
备了8年之后，他化身基督山
bó jué kāi shǐ le zì jǐ de fù chóu jì huà
伯爵开始了自己的复仇计划。
zuì zhōng jī dū shān bó jué bào le dà chóu
最终，基督山伯爵报了大仇。

巴黎圣母院

ZOUJIN AOMI SHIJIE

雨果（1802～1885年），19世纪法国浪漫主义运动的领袖，著名的诗人、小说家、文学评论家和政论家。他一生的创作期长达60年，著作甚多，包括诗歌、戏剧、小说、文艺理论、政论等。雨果的《巴黎圣母院》贯穿着人道主义

电影《巴黎圣母院》中饰演爱斯梅拉尔德的女演员。

jī qíng shì fǎ guó wén xué hé rén lèi wén
激情，是法国文学和人类文
xué bǎo kù zhōng yí fèn zhēn guì de wén huà
学宝库中一份珍贵的文化
yí chǎn
遗产。

bā lí shèng mǔ yuàn de fù zhǔ jiào
巴黎圣母院的副主教
kè luò dé xiǎng yào bà zhàn měi lì de jí
克洛德想要霸占美丽的吉
bǔ sài nǚ láng ài sī méi lā ěr dé chǒu lòu de zhuàng zhōng rén jiā xī mò duō
卜赛女郎爱斯梅拉尔德，丑陋的撞钟人加西莫多
shì kè luò dé shōu yǎng de jī xíng ér tā tīng cóng kè luò dé de mìng lìng zuò le
是克洛德收养的畸形儿，他听从克洛德的命令做了
hěn duō huài shì dàn jiā xī mò duō zhī dao ài sī méi lā ěr dé shì yí gè shàn
很多坏事。但加西莫多知道爱斯梅拉尔德是一个善
liáng de gū niang tā céng jīng bāng zhù guò chǔ yú kùn jìng de jiā xī mò duō
良的姑娘，她曾经帮助过处于困境的加西莫多。

维克多·雨果

雨果出生在法国东部的一个城市，他的父亲曾是拿破仑麾下的一位将军。儿时的雨果随父驻军，但他的兴趣是写作。20岁时，他出版了自己的诗集。雨果一生创作了多部小说、诗歌、散文、剧本等，是法国一位影响力巨大的作家。

ài sī méi lā ěr dé bèi kè luò dé xiàn hài
爱斯梅拉尔德被克洛德陷害
bèi pàn sǐ xíng shí jiā xī mò duō zé zhī shēn
被判死刑时，加西莫多则只身
jié fǎ chǎng jiāng tā dài jìn le bā lí shèng
劫法场，将她带进了巴黎圣
mǔ yuàn ér zōng jiào fǎ tíng yī rán yào zhuō ná
母院。而宗教法庭依然要捉拿
ài sī méi lā ěr dé bā lí de liú làng rén
爱斯梅拉尔德，巴黎的流浪人
hé qǐ gài men wén xùn hòu qián lái gōng dǎ bā
和乞丐们闻讯后前来攻打巴
lí shèng mǔ yuàn yíng jiù tā hùn zhàn zhōng
黎圣母院营救她。混战中，
ài sī méi lā ěr dé bèi kè luò dé dài dào jiǎo jià qián ài sī méi lā ěr dé
爱斯梅拉尔德被克洛德带到绞架前，爱斯梅拉尔德
nìng sǐ bù qū yú
宁死不屈，于
shì bèi jiǎo sǐ
是被绞死。
jiā xī mò duō
加西莫多
fā xiàn shì kè luò dé
发现是克洛德
hài sǐ le ài sī méi
害死了爱斯梅
lā ěr dé hòu jiāng fǔ
拉尔德后，将抚

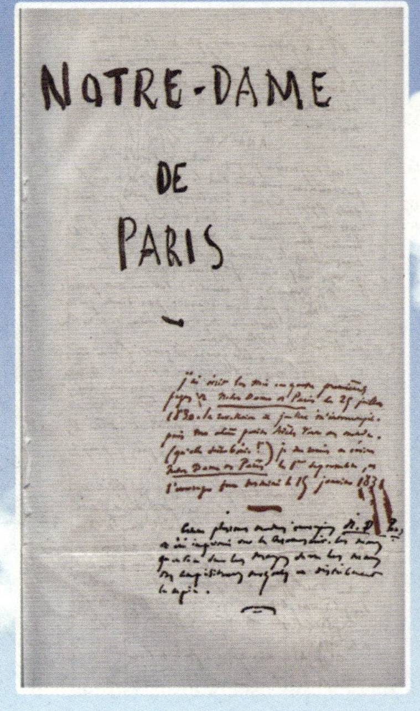
NOTRE-DAME
DE
PARIS

动画作品《巴黎圣母院》。

yǎng tā de ēn rén kè luò dé
养他的“恩人”克洛德
tuī xià zhōng lóu liǎng nián yǐ
推下钟楼。两年以
hòu zài yīng shān de mù jiào lǐ
后，在鹰山的墓窖里，
rén men fā xiàn liǎng jù jǐn jǐn bào
人们发现两具紧紧抱
zài yì qǐ de shī tǐ nán de
在一起的尸体，男的
míng xiǎn shì gè jī xíng dāng rén
明显是个畸形。当人
men shì tú bǎ zhè liǎng jù shī tǐ fēn kāi de shí hòu
们试图把这两具尸体分开的时候，
shī gǔ lì jí huà chéng le chén tǔ
尸骨立即化成了尘土。

bā lí shèng mǔ yuàn jiē
《巴黎圣母院》揭
lù le zōng jiào de xū
露了宗教的虚
wěi gē sòng le xià
伪，歌颂了下
céng láo dòng rén mín yǒng gǎn shàn liáng de
层劳动人民勇敢、善良的
měi hǎo pǐn xíng
美好品行。

现实意义

《巴黎圣母院》虽创作于19世纪，但在今天看来，它仍有巨大的文学价值和深刻的教育意义。

图书在版编目（CIP）数据

令孩子着迷的世界名著奥秘传奇 / 雨田主编．—沈阳：辽宁美术出版社，2018.7（2023. 6重印）

（走进奥秘世界）

ISBN 978-7-5314-8083-9

Ⅰ．①令… Ⅱ．①雨… Ⅲ．①名著–世界–青少年读物 Ⅳ．① Z835-49

中国版本图书馆 CIP 数据核字 (2018) 第 146508 号

出 版 社：辽宁美术出版社
地　　址：沈阳市和平区民族北街 29 号　邮编：110001
发 行 者：辽宁美术出版社
印 刷 者：北京一鑫印务有限责任公司
开　　本：650mm × 950mm　1/16
印　　张：8
字　　数：88 千字
出版时间：2018 年 7 月第 1 版
印刷时间：2023 年 6 月第 3 次印刷
责任编辑：孙郡阳
装帧设计：新华智品
责任校对：郝　刚
ISBN 978-7-5314-8083-9

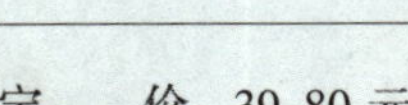

定　　价：39. 80 元

邮购部电话：024-83833008
E-mail：lnmscbs@163.com
http：//www.lnmscbs.com
图书如有印装质量问题请与出版部联系调换
出版部电话：024-23835227